블로그, 검색어, 광고,
홍보지로 만드는

스퀘어
홍보법

블로그, 검색어, 광고,
홍보지로 만드는

김상종 지음

스퀘어
홍보법

1인 기업가
시리즈 1

1인 기업 김 대표가 인터넷 홍보만으로
매출을 일으킨 비결은?

P:AZIT

차례

Ⅲ · 스퀘어 홍보의 강화
– 키워드 광고, 홍보지

"홍보는 참 어려워"

'비즈니스 문서와 인터넷 홍보' 전문가로 활동 중인 나는 외식업, 보험업, 언론사 등에서 일하는 대표나 직원분을 자주 만난다. 분야를 막론해 사람들을 만나면 한숨을 푹 쉬며 고민하는 주제가 있는데, 바로 이 책의 주제인 '홍보'이다.

나는 '인터넷 홍보'를 주제로 글을 쓰기 전에 가진 두 가지 중요한 경력이 있다. 첫째, '교육, 쇼핑, 방송, 홍보'가 특징인 회사에서 7년 동안 기획자로 일했다. 이때 주로 직접 사이트를 설계하고 제작하는 일을 맡았는데, 덕분에 웹서비스를 만드는 데 능숙하다. 다른 하나는 건강상의 이유로 2016년 3월에 회사를 그만두었다가 건강 회복 후 사업자 등록증을 내고 2017년 5월 11일부터 현재까지 지식 비즈니스로 매출을 만들어낸 것이다.

지난 5년간 사업체의 대표로서 내가 이루어낸 성과는 다음과 같다.

1. 강의: 0번 → 200번

2. 회당 강의료: 9만 원 → 100만 원

3. 1일 평균 블로그 방문자 수: 30명 이하 → 1,000명 이상

4. 네이버 인물 등록: 도서 출간 및 작가

다른 모든 분들도 그렇겠지만 직장인에서 지식 비즈니스 기업의 대표로 자리를 잡는 과정에서 많은 고생을 했다. 주로 파워포인트로 비즈니스 문서 작성법을 교육하는데, 수강생을 만나고 거래하는 과정에서 그전에는 몰랐던 것들을 익혀가며 일에 적용해야 했다. 그 대표적인 주제가 바로 '인터넷 홍보'다.

인터넷 홍보. 코로나19 사태로 인해 사람 간의 직접적인 만남에 제한이 커지면서 자연스레 관심이 높아지고 있고, 또한 꾸준히 일을 하기 위해 알아야 하는 주제다. 이에 '인터넷 홍보'를 주제로, 그중에서도 지식 비즈니스 기업이 꼭 알아야 하는 내용으로 책을 구성했다.

구체적으로 지식 비즈니스 기업이 인터넷 홍보로 매출을 일으키기 위해서는 4가지의 방안을 잘 조합해 활용해야 한다. 그 4가지 방안은 '블로그, 검색어, 광고, 홍보지'로 이를 따로 생각하지 말고 '홍보를 통해 매출 발생'이라는 하나의 목표에 맞춰 유기적으로 연관시켜야 한다.

나는 이를 한 단어로 축약해 '스퀘어 홍보법'으로 정의했다. 다시 정리해서 한 마디로 말하면 스퀘어 홍보법은 '블로그, 검색어, 광고, 홍보지를 조합해 인터넷으로 매출을 일으키는 홍보'이다.

책 한 권으로 '인터넷 홍보'에 관한 모든 것을 이야기할 수는 없지만, 진심을 담아 전하고 싶은 것이 있다.

"이 책에 담긴 내용을 활용하지 않고는 인터넷 홍보로 성과를 낼 수 없다."

한국인이 식사를 할 때 밥과 김치는 보통 빠지지 않는 음식이다. 내가 인터넷 홍보를 하는 구체적인 방법은 '검색어와 특장점을 조합해 알림으로써 거래가 이루어지는 관점'인데, 이때 검색어와 특장점이 바로 밥과 김치 같은 것이다.

홍보가 어렵고 막연하다면? 홍보에 대해 무엇부터 공부하고 어디서부터 시작해야 할지 모르겠다면? 책에 담긴 내용을 통해 하나씩 새로운 걸음을 내딛어 보자. 처음 걷는 법을 배울 때 아기는 지탱해줄 무언가를 잡아 넘어지지 않도록 자기 몸의 중심을 잡는다. 그리고 한 걸음, 한 걸음 어색하지만 앞을 향해 걸음을 내딛는다. 그 후 점차 시간이 지나 아기는 이전에 기어 다니던 것에서 벗어나 두 발로 걷는다.

아기가 걸음마를 떼는 것처럼, 이 책을 통해 독자가 스스로 '인터넷 홍보'를 할 수 있게 되기를 기대한다. 이를 위해 나 역시 최선을 다해 도움 드릴 것을 약속한다.

I.

인터넷을 알자

지식 비즈니스 기업들이 처한 현실

지식 비즈니스 기업은 자신의 지식 콘텐츠를 활용해 '강의, 책 판매, 컨설팅, 프로젝트 수행' 등으로 매출을 만든다. 지식 비즈니스는 과자, 칫솔 같은 물질적 상품을 만들지 않는다. 하지만 사람들이 필요로 하는 것에 도움을 주는 대가로 돈을 받는 것이 공통점이다.

지식 비즈니스 기업 또는 기업가는 많은 배움과 경험을 통해 자기 분야에 높은 전문성이 있다. 그런데 특정 분야에 높은 전문성을 가지고 있다고 지식 비즈니스 기업이 꾸준히 운영되고 성장하는 것은 아니다. 한 사업체가 운영되기 위해 필요한 일을 골고루 다 잘해야 하는데, 가장 중요한 것 중 하나가 바로 이 책의 주제인 '홍보'다.

그럼 홍보를 주제로 이야기를 더 나누기 전에 지식 비즈니스 기업이 처한 상황의 특징을 알아보자. 어떤 상황 안에서 일을 해 나가는지를 명확히 알아야 어려움을 이겨내는 최선의 방안 또한 분명히 알 수 있다.

⦿ 지식 비즈니스 기업의 현실

'내'가 제공하는 서비스가 어떤 건지 대부분의 사람이 모른다

우리는 이미 충분히 발전한 시대에 살고 있다. 이러한 가운데 나를 포함해 모든 사람들은 '이미 만들어져 있는 수많은 상품 가운데 하나를 택해야' 하는 상황이 된다. 세상의 수많은 상품들은 정도의 차이는 있지만 각자의 장점을 내세워 사람들이 힘들어하고 필요로 하는 주제에 해결책을 제시한다.

이러한 가운데 이 책을 읽는 독자가 지식 비즈니스를 시작한다면, 그 첫 시작은 '아기가 엄마 뱃속에서 나와 울음을 터뜨린' 상태라고 할 수 있다. 엄마는 뱃속에서 열 달간 아기를 키우면서 많은 고생을 했다. 그리고 많은 진통을 느낀 후 아기를 낳는다. 엄마 뱃속에 있다가 세상에 나온 아기는 귀엽고 예쁘며 사랑스럽지만, 혼자서는 살아가기는커녕 아무것도 할 수 없는 약한 존재이기에 많은 돌봄이 필요하다. 더불어 모든 아기들의 공통적인 상황이 있는데, 바로 "아기가 태어났다는 것을 부모와 주위의 지인 외에는 아무도 모른다."는 것이다.

물론 그렇다 해도 아기가 건강히 자라는 데는 아무런 문제가 없다. 하지만 지식 비즈니스는 상황이 다르다. 많은 연구 과정을 거쳐 상품을 만든 것까지는 같지만, 이후의 홍보 또한 잘해야 한다. 그래야 사람들이 그런 상품이 있다는 것을 알고 거래하며, 그 거래를 통해 지식 비즈니스는 계속 생명력을 이어간다.

홍보 자금이 충분하지 않다

그동안 지식 비즈니스를 하면서 많은 분을 만나봤지만, 이제껏 한 번도 들어보지 못한 말이 있다.

"사업 자금이 충분해요!"

나도 처음 지식 비즈니스를 시작했을 때는 돈이 없었다. 가진 돈은 없는데 사업체를 유지하려면 매출이 나와야 한다. 그러니 필요한 많은 것을 배웠고, 이를 활용해 또한 성과를 내야 했다. 이 책의 주제인 '인터넷 홍보'도 지금까지 사업체를 운영하면서 배운 수많은 주제 중 하나다.

누군가 "돈만 있으면 홍보를 잘할 수 있나요?"라고 묻는다면, 나는 꼭 그렇지만은 않다고 이야기한다. 돈이 있다고 무조건 홍보를 잘할 수 있는 것은 아니다. 하지만 돈이 있다면 돈이 없는 것보다 홍보를 더 수월히 할 수 있는 것은 분명하다.

하지만 처음 지식 비즈니스를 시작할 때 대부분은 홍보에 사용할 돈이 충분하지 않을 것이다.

홍보와 판매가 동시에 이루어지는 좋은 상권을 이용하기 어렵다

"좋은 상권에 들어가야 사업이 더 잘된다."는 말이 있다. 점심시간에 직장인이 많은 여의도를 갔을때, 식사하기 위해 직장인들이 몰려나오는 모습과 실제로 식당에 손님들이 가득 차는 모습을 보면 자연스레 이런 생각이 든다.

"좋은 상권에 들어가 장사하라는 게 괜한 말은 아니네."

하지만 좋은 상권에 들어가려면 비용이 만만찮기에 대부분은 엄두도 못 낸다.

"처음부터 그 돈을 내라고요?"

"매달 그 돈을 내야 한다고요?"

처음부터 사업 자금이 충분하고 인지도와 상품의 경쟁력 등이 높다면 그 정도 비용을 내고 좋은 상권을 이용하는 게 겁이 날 이유도 없고, 그런 선택을 하더라도 틀린 게 아니다. 하지만 지식 비즈니스의 첫걸음을 뗀 사람들은 시작하자마자 바로 충분한 매출을 올리지는 못한다. 하나씩 기반을 만들어가면서 점차 많은 거래가 생기고, 이를 통해 점점 매출이 오르는 구조이기 때문이다.

'좋은 상권'은 구체적으로 사업을 하는 데 있어 다음과 같은 도움을 준다. 많은 사람이 모이고 활동하는 곳에서 홍보를 하니 자연히 많은 사람에게 알려진다. 궁금해하는 사람이 있다면 빠르게 안내함으로써 궁금증을 바로 해결해줄 수 있다. 궁금증이 해결되고 관심이 생긴 사람과는 바로 거래를 통해 매출이 발생한다.

지식 비즈니스 기업은 앞서 이야기한 대로 '강의, 책 판매, 컨설팅, 프로젝트 수행'을 통해 매출을 만든다. 그래서 식당과 같이 '상권'에 절대적으로 의존하는 사업은 아니다. 하지만 그렇다고는 해도 '좋은 상권'의 도움을 받으면 사업을 하는 데 있어 많은 힘이 되는 것은 사실이다.

홍보 외에도 많은 일을 해야 한다

"대표님처럼 지식 비즈니스로 돈을 벌기 위해서 꼭 갖춰야 할 것은 뭔가요?"

"사업가는 기본적으로 부지런해야 합니다."

어느새 6년차 지식 비즈니스 기업가가 된 내게 종종 질문을 한다. 그 사람들의 질문과 그에 대한 답이다. 지식 비즈니스 기업은 나처럼 혼자 일하는 1인 기업인 경우가 많다. 그런 1인 지식 비즈니스 기업가가 되어 성공하고 싶다면, 반드시 알아야 할 것이 있다. 직장 다닐

때처럼 한 가지 일만 잘해서는 안 된다는 점이다. 하나의 기업을 운영하는 데 필요한 일을 골고루 다 잘해야 한다.

기본적으로 모든 기업은 다음과 같은 과정으로 운영된다.

상품을 만든다. → 만든 상품을 알린다. → 관심을 가지는 고객에게 친절히 안내한다. → 계약을 체결한다. → 상품을 제공한다. → 세금계산서를 발행한다. → 비용을 받는다. → 세무서에 신고 후 세금을 낸다.

특히 나를 비롯한 대부분의 지식 비즈니스 기업처럼 1인 기업으로 성공하려면 이 모든 것을 잘해야 한다.

24시간, 365일, 건강을 해치지 않을 정도의 수면 시간.

누구에게나 공통된 삶의 조건이지만, 지식 비즈니스 대표들은 다양한 일을 해야 하기에 많은 경우 시간이 부족하다 느낀다. 실제로 "시간이 없어서 홍보까지는 못 하겠어요."라는 말을 하는 사람이 많다. 하지만 홍보는 남는 시간에 하는 것이 아니다. 홍보할 시간을 고려해 모든 일정을 짜야만 한다.

그렇다면 여러 가지를 모두 하면서도 홍보를 소홀히 하지 않기 위해 최선의 홍보 방안을 생각해볼 필요가 있다. 이 또한 뒤에서 자세히 다루겠다.

지식 비즈니스 기업,
인터넷 홍보는 선택이 아닌 필수

홍보를 못하는 기업은 살아남지 못한다

"새로 일을 시작했습니다. 많은 관심 가져 주시길 부탁드려요."

누구나 꿈과 바라는 것이 있기에 새로 사업을 시작하는 분도 많다. 그러나 생각보다 많은 분들이 그 일을 끝까지 이어가지 못한다. 그런 이야기를 들을 때마다 가수 조권의 인터뷰가 떠오른다. 그는 어린 나이에 한 방송에 참가해 JYP 엔터테인먼트의 연습생이 되었으나, 오랜 시간의 트레이닝을 거쳐야 했다.

"저와 함께 트레이닝을 받던 친구들이 여러 이유로 트레이닝을 더 이상 받지 못하고 헤어졌어요."

시작도 쉽지 않지만, 버텨내고 이겨내는 것은 더욱 어렵다는 것을 알게 해주는 인터뷰다.

많은 사람이 야심차게 사업을 시작했지만 오래지 않아 그만두는 것을 많이 보았다. 실제로 지인 중 경쟁력이 남달랐던 몇몇을 제외하고는 꾸준히 사업을 이어가거나 더 나아가 성장하고 있는 분은 채 열 분이 되지 않는다.

"노력은 했는데 성과가 나지 않아서 그만두었습니다."

처음부터 일이 안 될 거라 생각하며 사업을 시작하는 사람은 없다. 모두 자신의 상품이 큰 관심과 사랑을 받을 거라는 희망에 부풀어 첫 걸음을 내딛는다. 하지만 많은 사람이 1년이 채 지나지 않아 그 꿈이 희망에서 절망으로 바뀌고, 그렇게 하던 일을 포기하게 된다.

"생각만큼 사람들이 관심을 가지지도 않고 이용하지도 않더라고요."

사업체는 주로 거래를 통해 매출을 만든다. 거래를 하려면 거래할 수 있는 상품과 비용을 지불할 대상이 필요하다. 그리고 지식 비즈니스 기업이 계속 유지되기 위해서는 '꾸준히 이어지는 거래'가 필요하다. 그리고 이를 위해서는 홍보를 해야 하고, 그것도 '잘' 해야 한다.

"그거야 나도 알죠. 쉽지 않아서 문제죠."

나는 웹서비스 기획자로서는 14년차, 지식 비즈니스 기업가로서는 6년차에 접어들었다. 그 과정에서 홍보에 대한 나름의 깨달음이 있었다.

"홍보는 배워도 끝이 없다."는 것과 "홍보는 배워서 활용한다 해도 꼭 원하는 결과가 따르지는 않는다."는 것이다.

그리고 인터넷이 시대를 지배하고 있는 지금, 또 하나의 생각이 계속 마음속에 머문다.

"인터넷 홍보를 하지 못하는 사업체에 미래는 없다."

지식 비즈니스 기업에 인터넷 홍보가 필요한 3가지 이유

'참여, 공유, 개방의 특징을 가지는 웹 2.0 시대의 도래'

내가 군대를 제대한 2007년, 많은 언론들은 인터넷을 활용한 연결성과 참여성의 영향으로 시대가 바뀔 것이라 이야기했다. 이후 2009년 아이폰이 출시되면서 스마트폰 열풍이 전 세계를 휩쓸었고, 현재는 인공지능이 세상을 뒤바꿀 것이라 이야기한다. 대학교 3학년 때 다양한 학교 학생들과 인터넷 카페를 키웠던 것까지 포함하면 16년째 IT 분야에서 활동 중인데, 항상 느끼지만 빠른 변화를 따라가기란 참 버겁다.

참여, 공유, 개방이라는 특징을 가지는 웹 2.0 시대에 사람들은 '블로그, UCC, 카페'의 활용에 주목했고, 실제로 이는 16년이 지난 지금까지도 사람들에게 많은 영향을 주고 있다. 아니, 시간이 지날수록 영향을 주는 게 더 커졌다고 보는 게 더 적합하다. 여기서 우리가 배워야 할 사실이 있다.

"인터넷 홍보는 선택이 아닌 필수다."

그렇다면 지식 비즈니스 기업에게 인터넷 홍보가 필요한 이유는 무엇일까?

하나, 비용이 적게 든다

이 책은 '블로그, 페이스북, 인스타그램'으로 대표되는 SNS*를 활용해 홍보하는 법을 다룬다. SNS를 활용한 홍보의 가장 큰 장점은 '무료'라는 것이다. 이용하는 데 기본적으로 돈이 들지 않기에 부담이 없다. 단, 제대로 모르고서 이용하면 홍보에 아무런 도움이 되지 않는다.

비용이 적게 든다는 장점은 시작할 때만이 아니라 시간이 지나도 꾸준히 유지된다. "처음에만 비용이 적게 들지 이후에는 많은 돈을 써야 하는 것 아닌가요?"라는 질문을 많이 받지만, 지금까지 SNS를 활용해 꾸준히 거래가 생기도록 만든 나는 "그렇지 않습니다."라고 답한다. SNS를 어떻게 만들고 이용하는지만 잘 안다면, 만들 때부터 활용하는 동안에도 비용은 계속 적게 든다.

---

* SNS(Social Network Service) : 웹상에서 이용자들이 인적 네트워크를 형성할 수 있게 해주는 서비스

둘, 알지 못하는 많은 사람에게 홍보한다

인터넷의 장점 중에는 '무한대의 연결성'이 있다. 인터넷에 연결만 되어 있다면 누구든 만날 수 있다. 많은 경우 홍보에서 2가지 어려움을 가지게 된다.

첫째, 내가 홍보를 하고 싶은 대상이 주위에 없다.

둘째, 관계가 형성되어 있지 않으면 홍보 대상은 대부분 차가운 반응을 보인다.

지식 비즈니스를 해오면서 꾸준히 경험한 것인데, 같은 사람이라도 어떠한 상황에서 만나는지에 따라 보이는 태도와 반응이 다르다. 이는 자연스러운 일로 누구나 다음과 같은 일을 겪어 봤을 텐데, 그때 어떠했는지 생각해 보자.

모르는 번호로 전화가 와서 받아 보니 보험 가입 또는 휴대폰 개통에 대해 안내할 때,

아침 출근 시간에 지하철 역에서 누군가가 뭔지도 모르는 전단지를 건네줄 때,

모르는 번호로 문자가 와서는 주식을 추천하며 매수를 권할 때.

이런 상황에서 사람들은 대부분 차가운 반응을 보이는데, 이로 인해 사업자들은 홍보 의욕 자체가 줄어들고, 심하면 의기소침해지기

도 한다.

인터넷을 활용한 홍보에는 무관심한 사람이 많으나, 직접적으로 겪게 되는 냉대가 상대적으로 적다. 또한 홍보를 꾸준히 잘해 가면 노력한 이상으로 더 많은 사람에게 알릴 수 있다.

셋, 홍보가 쌓일수록 더 큰 경쟁력이 생긴다

사람들을 만나 홍보지를 건네고, 사람들은 그 홍보지를 받는다. 홍보지를 건넬수록 내가 가진 홍보지는 점점 줄어든다. 시간이 지나면 내 손에는 한 장의 홍보지도 남지 않게 된다. 그러나 인터넷 홍보는 다르다. 더 많은 사람들과 만날 수 있는 연결성에 이은 인터넷 홍보의 두 번째 장점은 잘 쌓아 눈덩이를 키우듯 계속해서 영향력을 키워 나갈 수 있다는 것이다.

3,652개. 이 글을 쓰는 2022년 1월 25일, 내가 블로그에 써서 올린 글의 수다. 3,652개의 게시물이 모두 홍보만을 목적으로 쓴 글은 아니지만, 내가 하는 일을 사람들이 잘 알리고 더 많은 사람에게 사랑받을 수 있도록 도움을 주기에 모든 게시물이 항상 고맙다.

3,652개의 게시물은 각자가 담당하는 일이 있다. 예를 들어, 지식 비즈니스를 운영하는 기업의 대표로 많은 사람들이 나의 상품을 알게 하고, 또 궁금해 하는 부분에 대해 안내하며, 이용하기 전에 알아두면 도움이 되는 '꿀팁' 등을 제공하는 등, 내가 만든 게시물은 모두

가 맡은 역할을 훌륭히 해낸다. 내가 만든 게시물이 나를 대신해 사람들에게 이야기하며 도움을 주기에 사업의 경쟁력은 더 커진다. 이를 통해 많은 기업가가 홍보에 대해 원하는 바가 자연스레 이루어진다.

"많은 사람이 관심을 가지고 함께 알려 줘요. 또 감사한 마음을 주고받는 가운데 계속 거래를 해요."

그러나 이러한 장점에도 불구하고 인터넷 홍보를 할 때에는 몇 가지 주의할 점이 있다. 우리가 머물며 활동하는 인터넷 세상이 바다 또는 연예계와 유사한 특성을 가졌기 때문이다. 그래서 이에 대해 다음 장을 통해 더 자세히 내용을 알아보자.

결국 지식 비즈니스 기업에 있어 인터넷 홍보는 다음과 같은 3가지 장점을 가지게 되는 셈이다.

적은 비용의 지불	더 넓은 범위로의 확장성	축적을 통해 더해지는 경쟁력

3장

인터넷은 바다다!

이 책을 쓰기 전, 한 사회적 기업 대표님과의 인연으로 '인터넷 홍보'를 주제로 한 강의를 하게 됐다. 강의를 준비하면서 '어떤 내용을 알려드려야 가장 도움이 될까?'를 고민했는데, 이 과정에서 한 가지 깨달음을 얻게 됐다. 바로 "인터넷은 바다(또는 연예계)와 유사하다."는 것이다. 이는 다음과 같은 3가지 경험을 통해 나온 깨달음이다.

나의 3가지 경험

하나, IT 기업에서 기획자로 일하며 가진 홍보의 경험

2016년 3월까지 기독교 방송 서비스를 운영하는 회사를 다니면서 홈페이지를 운영했다. 모든 회사는 홈페이지를 만들 때 많은 사람이 방문하여 이용하기를, 즉 홈페이지가 활성화되기를 원한다. 이런 목표를 실현하기 위해 나는 회사에서 기획자로 일하면서 '홍보' 측면에서 주로 다음과 같은 3가지 일을 했다.

페이지를 방문한 사람들이 관심을 가지고 특정 콘텐츠를 보게 하는 '배너 제작'	
홈페이지에서 회원 가입을 한 사람들에게 소식을 전하는 '메일 발송'	

홈페이지에 방문한 사람들의 적극적
참여를 바라며 '이벤트 진행'

　이런 요소들이 홈페이지의 방문자를 늘리는 데 효과가 있긴 했다.
그러나 돌이켜 생각해 보니 이 3가지 일에는 한 가지 공통점이 있다.
'이미 해당 방송국 홈페이지를 알고 있는 사람에게만' 알렸다는 것이
다. 또한 '배너 제작, 메일 발송, 이벤트 진행' 모두가 전문 디자이너
가 디자인을 해야만 가능했다는 한계점도 있다. 하지만 이 당시 나는
이렇게 홍보를 하는 것이 인터넷으로 하는 홍보의 최선이라 생각했
다. 방송 서비스를 운영하는 회사 이전에 '교육, 쇼핑' 등의 서비스를
운영하는 회사에 다니면서도 크게 다르지 않은 방식으로 홍보해 왔
기 때문이다.

　그러나 지식 비즈니스 기업가가 된 후로, 더는 이와 같은 방식의 인
터넷 홍보를 할 수 없게 됐다. 우선 이때는 함께 일하는 디자이너가 곁
에 있지 않았다. 또한, 이미 회원 가입을 하고 사이트를 방문하는 기존

회원이 없었다. 마지막으로, 이벤트를 진행할 자금이 부족했다.

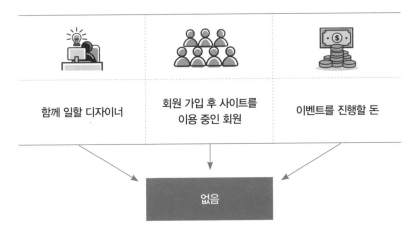

・ 지식 비즈니스 기업가가 된 후 마주한 홍보의 현실 ・

함께 일할 디자이너	회원 가입 후 사이트를 이용 중인 회원	이벤트를 진행할 돈

없음

내 상품을 이용하기를 원하는 고객과 만나 거래하지 못한다면 곧 나도 하는 일을 그만둘 수밖에 없다!

이런 절박함을 마주했을 때, 나는 용기를 내 새로운 발걸음을 내딛었다. '인터넷 홍보'에 관한 꾸준한 배움을 시작한 것이다.

둘, 인터넷 홍보 관련 교육 전문 회사에서 교육을 받은 경험

처음 '왜 지식 비즈니스로 돈을 벌어야 하는지' 이유를 정리하고, 그 뒤에 거래할 상품을 만들었던 것이 내가 지식 비즈니스 기업의 대표가 된 후로 넘은 첫 번째 허들이었다. 두 번째 허들은 이렇게 만든 상품에 관심이 있는 사람, 더 나아가 비용을 지불해 이용하고 싶어하는 잠재적 고객을 만나는 것이었다. 이 두 번째 허들을 넘기 위해 홍보에 관해 많은 공부를 하게 됐다. 그중 하나로 인터넷 홍보 관련 교육 전문 기업에서 약 6개월 정도 교육을 받았다. 그 교육을 통해 인터넷 홍보를 바라보는 전체적인 시야를 얻게 됐다.

· **고객의 구매 여정에 따른 홍보 적용 포인트** ·

구매 시나리오 〉 채널 믹스 〉 최적화(콘텐츠 유형, 메시지, 이벤트 방안 + 활용 채널 + 비용)

인지 ▶	흥미 ▶	검색 ▶	욕망 ▶	검색 ▶	구매 ▶	공유
Attention	Interest		Desire		Action	

미인지**고객**	잠재**고객**		타겟**고객**		구매**고객**	
↓	↓		↓		↓	
수요 상기	**욕구 자극**		**프로모션**		**혜택 제공**	
"이런 것이 있습니다!"	"여기 효과를 본 사례가 있습니다!"		"선착순 20명만 구매 가능해요!"		"다시 이용하면 혜택이 두배!"	

어느 단계에 있느냐?에 따라 전달하는 메시지와 주력 활용매체가 달라짐

ex. 버스 광고	ex. 배너 광고		ex. 검색 광고		ex. 리텐션 활동	

배너 광고	SNS 광고	파워링크	종합쇼핑몰	사이트 리타게팅	연락처 리타게팅	Push 메시지
사이트 내부	업체간 제휴	파워콘텐츠	오픈 마켓	키워드 리타게팅	상품 리타게팅	문자
보도 자료	인플루언서	SEO	공동구매			이메일
체험단		지식인				

검색 서비스   쇼핑몰

나는 지식 비즈니스 기업이 자리를 잡기 위해 가져야 하는 태도 중 하나가 '육상 경기에서 허들을 넘는 것'과 유사하다고 생각한다.

인터넷 홍보에는 고객이 상품을 알고 구매하기까지의 여정에 따라 활용 가능한 다양한 방법이 있다. 이 책에서는 그중 '소규모 기업이 부담 없이 시도할 수 있고, 관심을 거래까지 이어가는 데 직접적으로 도움이 되는 내용'만을 다룰 것이다.

내가 홍보에 대해 배워가고 또 가능한 만큼 활용하는 경험을 쌓아가면서 느낀 것인데, 홍보의 세계는 다양하고 변수도 많다. 하지만 인터넷 홍보도 첫 걸음을 잘 내딛으면 그 뒤로는 스스로가 원하는 바에 따라 배워서 익히고 활용할 수 있는 폭이 다르다. 그러니 이 책을 통해서는 '인터넷 홍보에 관해 기본적으로 알아야 하는 것을 배우고, 용기를 내 첫 걸음을 내딛는 것'에 집중하기 바란다.

셋, 인터넷 안에서 게시물로 사람들과 소통하며 많은 사랑을 받는 한 외식업 사장님의 SNS를 관찰한 경험

누구나 한 분야에서 소명 의식을 가지고 꾸준히 배우고 일하며 다양한 사람을 만나 인연을 이어가면 그 안에서 자연스레 지식과 경험이 쌓인다. 이 글을 쓰는 시점인 2022년 1월 25일 현재, 나의 블로그 이웃은 3,187명이다.

블로그 이웃 수를 이야기한 이유는, 나 역시 16년째 SNS를 활용해 게시물을 만들고 사람들과 소통해온 사람으로서, 이와 관련해 한 외식업 사장님의 탁월함을 강조하고 싶어서이다. 필자와 인연이 있는 외식업 사장님의 블로그 이웃은 17,345명이다. 네이버에서 가장 블로그를 잘 운영하는 대표 블로거 중 한 분으로도 선정이 되셨다.

블로그를 운영하다 보면 '게시물을 잘 만든다'는 이야기를 종종 듣는다. 실제로 그렇게 만든 게시물은 많은 조회수를 얻기도 하고, 댓글창에는 도움이 되었다는 내용의 답글도 자주 달린다. 그런데 이전과 비교해 사람들과 잘 소통하는 게시물을 만들 수 있던 배경에는 지금 이야기한 외식업 사장님이 어떻게 게시물을 만드는지를 꾸준히 보아온 과정이 있다.

그 외식업 사장님은 사람들이 공감할 수 있는 소재를 잘 선정하신다. 그리고 그 소재가 돋보이도록 보기 좋게 사진을 찍으신다. 내가 식당을 가서 음식 사진을 이전보다 더 잘 찍게 된 이유는 이 분이 찍은 사진을 6년 동안 본 덕분이다.

외식업 사장님은 또한 사람들의 마음에 스며들 수 있게 글을 잘 쓰시고, 글을 쓰신 뒤에는 댓글을 남긴 분께 사랑의 마음을 담아 답글을 쓰신다. 댓글과 답글을 통해 독자들은 더 많이 공감을 하고 소통을 하는 상황이 만들어진다. 누구나 인터넷에 게시물을 만들며 이런 이상적인 상황이 생기기를 바라지만 실제 그런 상황을 만드는 사람을 주변에서 거의 보지 못했다. 그런데 이런 이상적인 상황을 인터넷 안에서 만드는 외식업 사장님의 모습을 보며, 많은 사람이 그토록 원하는 '사랑과 관심, 참여가 인터넷 안에서 생긴 뒤 흘러간다'는 것이 무엇인지에 대해 깊이 알게 됐다.

이와 같은 이 3가지 경험을 통해, 나는 인터넷의 첫 번째 특징이 "바다와 유사하다."고 생각하게 됐다.

바다와 비유해 그 특징을 생각해 볼 수 있는 인터넷

바다는 우리에게 기쁨이 되는 존재이면서 동시에 두려움을 주는 존재이다.

"탁 트인 바다를 보면 기분이 좋아져!"

많은 사람이 마음에 고민이 있는 경우, 바다를 보러 여행을 간다. 그 넓이와 깊이가 사람이 감당하지 못할 정도로 큰 바다. 파도치는

바다를 마주할 때, 나는 스스로가 세상 속의 참 작은 존재라는 것을 느낀다. 이러한 가운데 바다에서 인간은 구경만 하는 것이 아니라 그 바닷속에 있는 물고기를 잡으며 생계를 이어간다. 그렇게 바다는 또한 인간에게 먹을 것을 제공해 주는 고마운 존재이기도 하다.

인터넷 또한 그 넓이와 깊이가 무한대라 할 정도로 크다. 한 사람이 모든 사이트에 방문하고 모든 게시물을 읽는 것이 불가능할 정도로, 매일 너무나 빠른 속도로 새로운 게시물과 사이트가 생겨난다. 그렇기에 바다 앞에서 한 개인이 보잘것없이 작은 존재인 것처럼, 인터넷 세상에서도 개인은 그 자신이 만드는 하나의 게시물이 얼마나 작은 존재인지를 염두에 두어야 한다.

다음으로, 바다는 계속해서 흐른다. 흐르지 않는 바다를 본 적이 있는가? 바다는 계속 흐르는 상황 속에서 바닷속 생태계를 유지한다.

흐르지 않는다면 바닷물은 점점 썩어 그 안에는 어떤 생물도 살지 못하게 된다. 인터넷의 가장 독특한 점, 가장 큰 영향력을 주는 힘은 바로 바다와 같이 '흐른다'는 특징에서 생긴다.

'흐른다'는 특징은 대부분 1인 기업인 지식 비즈니스 사업체가 1인 기업으로 자리 잡는 것을 넘어 이후에 더 많은 일을 사람들과 함께 해 나가는 데에도 영향을 준다. 인터넷 홍보를 할 때는 스스로가 알아야 할 점을 잘 배우고 활용해야 하지만, 그것만으로 사업체의 지속적인 운영과 성장을 기대하기는 어렵다. 이때 필요한 것이 '내가 하는 일을 사랑해 주는 사람들의 적극적인 추천'이다. 스스로가 알리기 위해 힘쓰는 것을 넘어 내 주위 사람들도 자신이 하는 일을 사랑해주고 더 많은 사람이 알 수 있도록 자발적으로 게시물을 만들 때, 비로소 인터넷의 장점은 더 밝게 빛난다. 나와 주위 사람 모두에게 현실적인 희망을 더하기 시작한다. 처음에는 나에서 시작을 했지만 계속해서 인터넷 안에서 '흐르는' 선함의 이어짐과 더해짐을 통해, 나와 주위 사람 모두의 삶이 이전보다 더 행복해진다. 이것이 바로 인터넷의 '기쁨이 흐르는' 속성이다.

인터넷의 이러한 특징('무한대로 넓고 깊으며 흐르는 바다'와 같은)에 더불어, 다음 조건이 충족되어야 인터넷 홍보의 성과를 기대할 수 있다.

"꼭 필요한 것을 알아도 활용하지 않으면 무언가를 해도 티가 안 난다."

"강사님은 매일 블로그에 포스팅을 하시나요?"

교육을 하다 보면 자주 듣는 질문 중 하나이다. 나는 블로그에 거의 매일 게시물을 만들어 올리기는 한다. 하지만 이것을 '의무화'하지는 않는다. 지식 비즈니스 기업가는 여러 일을 하는 가운데 자연스레 다양한 배움을 얻게 된다. 또 일을 하다 보면 각자의 분야에서 뛰어난, 여러 좋은 사람을 만나기도 한다. 나의 경우 그중 나누고 싶은 좋은 정보나 생각이 있을 때면 항상 사람들에게 도움이 되기를 바라며 게시물을 만드는 것을 우선으로 삼는다.

• 지식 비즈니스를 하는 가운데 자주 하는 활동 •

배움	일과 관계된 미팅	경제 활동	사회공헌 활동

나는 사람들에게 인터넷 홍보를 무조건 열심히만 하라고는 이야기하지 않는다. 인터넷 홍보를 열심히만 하는 것은 '물에 돌을 던지는 것'과 다를 바 없기 때문이다.

아마도 강이나 바다에 놀러갔을 때 재미 삼아, 흘러가는 바다에 돌을 던져 본 경험이 있을 것이다. 이 행위로 누구나 알 수 있을 만한 큰 변화가 생기는가? 돌이 떨어지는 순간 해수면에 약간의 파동은 생기겠지만, 곧 아무런 일도 없었다는 듯 바다는 흘러간다. 인터넷 홍보에서도 성실함은 필요하지만, 성실하게만 한다고 해서 바라는 만큼의 효과를 보지는 못한다. 인터넷 홍보는 성실하게만 하는 것이 아닌 새로운 거래가 생기는데 도움이 되는 관점으로 해야 한다. 이 부분은 뒤에서 자세히 다룰 것이다.

연예계와도 비슷한 인터넷 세상

'바다'와 같은 속성을 가진 인터넷 세상의 특징에 대해 이해했다면, 다음으로는 인터넷의 두 번째 특징인 '연예계'와 관련해 알아보자.

삶아가다 보면 다음과 같은 궁금증이 생긴다.

"왜 주식을 한다는 사람은 있는데, 주식으로 실제 돈을 벌었다는

사람은 없을까?"

"왜 로또를 샀다는 사람은 있는데, 로또에 당첨 되었다는 사람은 없을까?"

이에 더해 최근에는 이런 생각도 종종 든다.

"유튜브를 한다고는 하는데 왜 유튜브로 바라는 만큼 관심을 얻고 돈을 벌었다는 사람은 없을까?"

이런 궁금증은 나만 가진 것이 아니었는지 언론에서도 다루어진 적이 있다.

억대 수입 1%, 성공 사례 드물어

— 2019년 3월. 머니S

억대 수입을 올리는 유튜버는 1% 미만에 불과할 만큼 수익 격차가 큰 것으로 나타났다. 한국방송광고진흥공사에 따르면 유튜버를 비롯한 1인 미디어 산업을 통해 수익을 창출하는 채널 중 1억 원 이상 버는 채널은 100개에 불과하다. 약 99%는 한 달에 100만 원도 벌지 못하는 것으로 나타났다.

성공적이라 할 만한 사례가 1%에 불과하고 상위와 하위의 격차가 이토록 크다니, 연예계와 비슷해 보이지 않는가? 소위 '스타'들의 몸값과 그렇지 않은 연예인들의 몸값은 차이가 수십 배 이상이다. 사실

인터넷 홍보도 이와 비슷하다. 사람들의 눈이 휘둥그레질 만한 성공 사례는 극히 드물다. 이 사실을 우선 알아야 한다. 그래야 쉽게 지치거나 실망하지 않고, 포기하지 않을 수 있다.

나는 직장인일 때 '사이트 제작'을 주로 했다. 그래서 지금도 '네이버 modoo!'라는 제작 도구를 활용해 필요에 따라 홈페이지를 만들어 일하고 주변 사람들을 돕는다. 그런데 지식 비즈니스 기업가로서 교육을 통해 사람들과 거래하다 보니 '운영 중인 SNS 채널의 활성화'가 가장 시급하고 중요하다는 생각이 들었다.

그래서 운영 중인 SNS 채널을 더 활성화시키기 위해 나 스스로에게 하나의 질문을 던졌다.

"인터넷에서 많은 관심을 끄는 사람들은 어떤 특징이 있을까?"

이 답을 얻고자, 우선 구독자 수와 조회수가 많은 사람들을 추리고 그들의 특징을 뽑아 봤다.

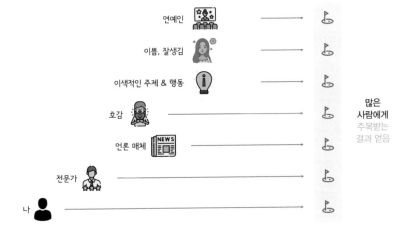

· 인터넷에서 많은 사람들의 관심을 끄는 유형 ·	
가장 앞 선에서 출발	· 연예인 · 빼어난 외모 · 이색적인 주제로 쉽게 따라하지 못하는 활동
중간 선에서 출발	· 언론 매체 · 이유를 뚜렷이 알 수 없지만 많은 호감을 사람들이 가짐 　(ex. 한때 폭발적인 사랑을 받았던 어린이 유튜버 띠예)
뒷 선에서 출발	· 전문가
가장 끝 선에서 출발	· 앞서 언급한 그 어떠한 매력도 없는 사람

"건강한 개성을 가진 사람이 인터넷에서 관심을 빨리 얻는다."

앞서 찾아본 사람들의 특징을 통해 내가 내린 결론이다. 누구든 자신이 하는 일과 관련해 건강한 개성이 있다면 일에 큰 도움이 될 것이다. 그러나 인터넷을 활용하는 사람 대부분은 그런 개성이 없거나 부족하다. 인지도가 높은 연예인도 아니고, 외모가 특별하지도 않으며, 매운 것을 물처럼 먹거나 어마어마한 양의 음식을 앉은 자리에서 먹어치우지도 못한다. 방송사나 신문사 같은 언론 매체도 아니며, 특정 분야에서 '탁월함'을 인정받아 두각을 나타내는 전문가도 아니다. 이렇게 특별한 개성이 없거나 부족하니 인터넷에서 활동해도 쉽게 사람들의 관심을 끌지 못한다.

하지만 처음에 관심을 끌지 못한다고 해서 영원히 그런 것은 아니다. 나 역시 블로그 일평균 방문객이 처음에는 30명에 불과했으나 현재는 1,000명 이상이 되었다. 강의 또한 한 번도 해보지 못했으나 인터넷 홍보를 통해 지금까지 200번 이상 해오고 있다.

이러한 가운데 이 책을 읽는 독자와 내가 인터넷 안에서 함께 걸어 나가고 싶은 길은 '따뜻한 마음으로 사람들과 소통하는 전문가' 이다. 인터넷은 '언제 하느냐'보다 '어떤 마음과 태도를 가지고, 어떤 차별 적인 가치를 통해 해나가는지'로 성과의 차이가 갈린다. 가수 김종국 의 경우 유튜브 채널을 개설한 지 2달 만에 구독자 수가 222만 명이 되었다. 외식 사업가 백종원은 유튜브 채널을 개설한 지 3달 만에 구 독자 수가 200만 명을 넘었다.

두 사람은 모두 자기 분야에서 최고라고 인정받을 만큼 실력을 쌓 았기에 사람들이 긍정적인 관심을 보였다. 그러나 이 책을 읽는 독자 의 대다수는 그 두 사람처럼 자신의 유튜브 채널을 만든다고 두세 달 만에 구독자가 200만 명을 모을 수는 없다. 하지만 자신이 지식 비즈 니스 기업가로 자리를 잡는 데 필요한 만큼의 관심과 거래는 충분히 만들어낼 수 있다. 그러니 용기와 자신감 그리고 희망을 가져야 한다.

'인터넷 홍보'의 특징에 대해 알아보았으니 다음으로는 지식 비즈 니스 기업가에게 필요한 상품 만드는 방법과 인터넷 홍보 방안에 대 해 알아보자.

II.

스퀘어 홍보의 핵심
- 블로그

1장

상품 만들기

지식 비즈니스를 시작하려면 우선은 거래할 상품이 있어야 한다. 나의 주요 상품은 교육이며, 교육 관련해서 3가지 상품이 있다.

상품을 만들 때는 항상 2가지에 대해 뚜렷하게 답을 해야 한다. 첫째, 이것을 이용하는 주력 고객은 누구인가? 둘째, 고객은 이것을 통해 어떤 도움을 받을 수 있는가?

나의 교육은 직장인에게 가장 도움이 된다. 일하며 자주 비즈니스 문서를 만드는 직장인과 다르게 비즈니스 문서를 자주 만들지 않는

| 출간 도서 | 인터넷 강의 | 오프라인 강의 |

사람은 파워포인트를 이용해 비즈니스 문서를 만들 때 다른 사람이 만든 템플릿을 다운받아 글자만 바꿔서 쓴다. 그래서 나의 교육은 직장인 중에도 '파워포인트를 이용해 비즈니스 문서를 만들어야 할 일이 많은 직장인'이 주요 고객이다. '간결한 이용법으로 쉽게 이해되며 깔끔한 표현의 비즈니스 문서를 빠르게' 만들 수 있게 하는 것이 목적이다.

이처럼 주력으로 이용할 고객과 그 고객이 상품을 이용해 얻게 될 기대효과를 명확히 했다면, 이제 상품의 품질에 '탁월함'을 갖춰야 한다. 지금까지 500번이 넘는 거래를 통해 얻은 교훈은 '탁월하지 않은 품질'로 거래하고 싶은 고객은 아무도 없다는 것이다. 당연한 이야기일 것이다.

책이든 교육이든 컨설팅이든, 누구나 뻔히 아는 내용이라면 이용하는 사람은 '탁월함'을 느끼지 못한다. 그래서 나는 100번이 넘는 보완을 통해 교육 상품의 '탁월함'을 만들기 위해 노력했다.

지식 비즈니스에서 탁월한 품질은 '세밀함'과 '일목요연함'의 실현을 통해 이루어진다. 제공하는 지식을 통해 사람들에게 주는 도움이 명확하며 또한 구체적이어야 한다. 또한 지식을 알려주거나 적용하는 상황에서 상대방이 어수선하다는 느낌을 받아서는 안 된다.

고급 레스토랑에서 식사를 한다고 생각해 보자. 아마도 아래와 같은 순서대로의 일목요연한 경험을 식당을 이용 중에 하게 될 것이다.

식당을 방문한다. → 모든 공간이 분위기 있고 또한 정리정돈이 되어 있다. → 직원의 안내에 따라 메뉴를 선택한다. → 주문한 음식을 먹는다. → 다 먹은 뒤 돈을 지불하고 나온다.

활력이 넘치는 분위기를 좋아하는 사람이라 해도 고급 레스토랑을 이용할 때는 재래시장처럼 붐비고 소란스러운 분위기를 원하지는 않을 것이다. 각 상황과 상품에 대해 기대하는 바가 다른 것이다. 그리고 지식 비즈니스를 이용하는 사람은 그 과정에서 품질에 대한 신뢰와 이용의 편안함을 원할 수밖에 없다.

나의 경우를 통해 이용자가 탁월함과 편안함을 느끼는 교육 구성을 살펴보자면 다음과 같다.

배움의 첫 시작부터 끝까지 책임지는 비즈니스 문서 작성 교육 8단계

단계 1. 이론 강의

단계 2. 공통 실습

단계 3. 공통 제작

단계 4. 개별 제작

일하는데
도움 되시는
문서 제작

단계 5. 만든 PPT 보완

단계 6. 전체 리뷰

단계 7. 개별 문의 안내

단계 8. 교육 후 지원

또한, 이용객의 만족도를 높일 수 있도록 다양한 부가 서비스를 제공한다.

부가 서비스

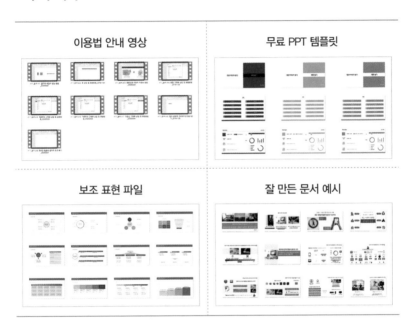

나는 '비즈니스 문서'와 관련해서 책, 블로그 포스팅 등을 통해 높은 전문성을 갖기 위한 공부를 꾸준히 했다. 또한 나만의 교육 이론과 서비스 방법을 만들기 위해 오랜 시간 고민하며 많은 연구를 했다. 마지막으로 200번이 넘는 교육 과정에서 부족한 부분은 꾸준히 보완했다.

첫 책을 출간할 때도 편집/기획자와 의논해 사람들이 읽기에 가장 쉽고도 간결해지도록 구성에 최선을 다했다. 인터넷 강의를 출시할 때도 마찬가지다. 물론 지금 이 책을 쓰면서도 품질의 '탁월함'을 갖추려는 마음과 태도는 변함이 없다.

지식 비즈니스는 최고의 전문성을 인정받아야만 고객의 선택을 받는다. 그러므로 지식 비즈니스를 하고 싶다면 먼저 그 분야에서 탁월함을 갖추기 위해 최선의 노력을 다해야 한다.

2장

블로그로 상품 소개하기

상품을 소개할 때는 보통 다음의 3가지 방식을 활용한다.

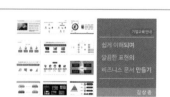

파워포인트로 소개 문서 작성

블로그에 소개 게시물 작성

상품을 소개하는 디자인 작업물 제작

이런 소개용 게시물에는 어떤 내용이 들어가야 할까? 내가 기업교육 담당자에게 보낼 때 사용하는 문서를 예로 들어 설명해 보겠다.

먼저는 내가 제공하는 서비스의 장점을 알리는 것이 우선인데, 이에 앞서 사람들의 마음의 문을 열기 위해 개인적으로는 많은 노력을 한다. 마음의 문이 닫힌 사람에게는 그 어떤 말을 해도 들리지도, 와 닿지도 않기 때문이다.

나는 마음의 문을 열기 위해 그 게시물을 볼 사람들이 가장 궁금해 할 만한 질문들을 던지고, 나 역시 그에 대해 고민하고 있는 사람임을 알린다.

예시 1 **비즈니스 문서 작성법을 주제로 한 교육**

"지금 왜 PPT를 만들려고 하세요?"

"PPT 만들면서 어떤 점이 가장 힘드신가요?"

"잘 만든 PPT란 무엇이라고 생각하세요?"

→ 이 질문들에 대한 최선의 답을 찾았고, 지금도 보완해 가고 있다.

예시 2 **선한 영향력과 돈을 주제로 한 교육**

"돈을 많이 번다는 이야기가 어떻게 해야 남의 일이 아닌 내 이야기가 될까요?"

"돈을 버는 상황에서 나의 삶과 다른 사람의 삶에는 어떤 일들이 일어날까요?"

"돈을 벌면서 삶의 행복 또한 놓치지 않으려면 어떻게 해야 할까요?"

→ 이에 대한 최선의 답을 찾기 위해 힘쓰고 있으며, 사회 안에서 그 답의 범위를 넓히기 위해 힘쓰고 있다.

이렇게 제공하는 서비스와 관련해 좋은 질문을 하면 사람들과 더 많은 공감대를 형성하여 이후에 자신이 제공하는 상품에 대한 소개를 더 잘할 수 있다. 여기에 이어서 제공하는 서비스를 통해 어떤 도움을 받을 수 있는지를 명확히 안내하는 것이 좋다. 지식 비즈니스는 제공자가 자신의 지식을 활용해 이용자가 원하는 도움을 줌으로써 거래가 성립되기 때문이다.

파워포인트로 소개하기

자신이 제공할 수 있는 서비스를 알리기 위해 파워포인트 문서를 만들어 두는 것이 좋다. 필자의 서비스를 예시로 파워포인트로 소개하면 좋은 내용들을 제시해 보겠다.

1. 교육 목표 제시

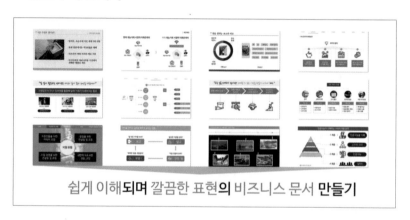

이렇게 마음의 문을 열고, 이 지식 서비스를 이용해 받을 수 있는 도움이 무엇인지 안내했다면, 다음은 그 일을 하는 기업 또는 사람에 대한 신뢰를 가지게 하는 것이 좋다. 이를 위해 다음과 같은 안내를 한다.

2. 강사 소개

• 구성하는 정보 예시 •

소개 문구	비즈니스 문서 작성 교육자 / 인터넷 홍보 전문 강사
주요 이력	쇼핑몰 구축 및 운영 : 삼성전자, 롯데닷컴
	교육 사이트 구축 및 운영 : YBM 시사닷컴
	방송국 온라인 서비스 운영 : CTS 기독교 TV
	멤버십 마케팅 서비스 운영 : SK 텔레콤
활용 이미지	프로필 사진 / 출간 도서

다음으로, 어떠한 과정을 거쳐 서비스가 제공되는지를 안내하면 사람들이 서비스 이용 방식에 대해 구체적으로 알 수 있다.

3. 교육 방법 및 내용

이론 강의 안내	

실습시 바라는 교육의 기대 효과

공통적으로 알아야 하는 이용법 배우기

실습 때 활용하는 PPT파일

실습 강의 안내

유형 1. 공통 제작 후 코칭   유형 2. 개별 제작 후 코칭

강사가
제작한 예시

배우시는 분이 직접 만든 예시

코칭 강의 안내

배우시는 분이
직접 만든
예시

지금껏 지식 비즈니스를 해오면서 경험한 바, 사람들은 복잡한 것을 싫어한다. 그래서 서비스를 제공할 때는 항상 복잡함을 줄이기 위해 노력한다. 그 구체적인 방법 중 하나로, '비즈니스 문서' 전문가로서 사람들과 나누고 싶은 이야기를 시각화해 문서로 만듦으로써 원활히 소통한다.

제공하고자 하는 지식 서비스를 소개할 때, 내용이 쉽게 이해되도록 시각화하여 문서를 만들어 보자. 이를 통해 상품을 소개하는 데 들어가는 수고를 줄일 수 있을 것이다.

4. 교육의 신뢰를 높일 수 있는 내용 제시

그 다음으로 필요한 것은 제공하는 상품을 이용하기 전 사람들이 가지게 될 의심을 없애는 것이다. 사람들은 거래를 하기 전에는 언제나 의심하는 마음이 있다. 누구도 손해 보기를 원하지 않기 때문이다. 그러니 '이 사람과 거래하는 것이 최선의 선택'이라는 믿음을 주도록 구성해야 한다.

'비즈니스 문서 작성' 교육과 관련해, 나는 어떤 기업과 기관에서 교육했는지를 누구나 알 수 있도록 내용을 구성한다. 이때 교육생으로부터 받은 후기 또한 적극적으로 활용한다.

교육을 진행한 기업과 기관 소개	
수강생의 후기 소개	라파엘 강사님을 만난건 제게 정말 큰 행운이었습니다. **수강생의 니즈와 실력에 맞게 시간 낭비없이 아주 효율적으로 강의를 진행해 주시고, 무엇보다 오랜기간 직접 정리하신 실무에 꼭 필요한 기술들과 팁을 알려주셔서 너무 유용했습니다.** 콘텐츠면에서 어떤 동영상이나 책보다 우수하다고 생각하고 단기간에 실전 연습과 함께 실력을 키우고 싶은 분들께 적극적극 추천 드립니다! _수강생 김OO님 (회사원) 회사업무상 갑자기 피피티 활용하는게 필요해 인터넷 보고 신청하여 수업을 받았어요. 기본기도 없고 PPT를 어떻게 만드는지 아예 몰랐는데, 이렇게 자세하고 세심하게 가르쳐주셔서 깜짝 놀랐습니다. 단언컨대 이정도의 퀄리티 수업은 없으리라 봅니다. 앞으로의 수업이 더 기대되고 저도 더욱 성장해 보렵니다. _수강생 고OO님 (회사원) 강사님 스스로가 다양한 목적으로 PPT를 꾸준히 만드시기에 다른 교육과 비교될 수 없는 높은 교육 콘텐츠의 품질이 있습니다. 배운 걸 꾸준히 잘 활용하면 전문가 못지않은 수준으로 변화될 제 모습에 기대감과 자신감도 생겼던 소중한 교육시간 이었습니다. 대한민국 국보급 교육을 해 주신다고 적극 보장 및 추천해 드립니다! _수강생 차OO님 (강사)
2018년부터 지금까지 이어지는 장기 교육을 받은 수강생의 후기 소개	**첫 인연** 강사님께 수업 문의 드리려고 처음 연락 드렸을 때 이 정도의 수준일을은 상상도 못하셨을거에요).(파워포인트를 혼자서 이상한 방법으로 그것도 몇 년에 한 번 정도로 다뤄서 어마어마하게 모르는… 너무 몰라서 저보다도 오히려 강사님께서 불편하시면 어쩌나 했었는데 제가 따라갈 수 있도록 정말 친절하게 기본부터 차근차근 알려주시고 반복 무한반복 해주시며 알려주셔서 너무 감사해요. **그 뒤 인연** 안녕하세요. 쌤. 장기수강 예정인 미녀 회사원입니다!)ㅁ(원래 후기는 1번만 쓰는 건가요? 저는 한번더 쓰겠습니다! 좀 전에도 쌤에게 수업 받고 집으로 돌아와서 이렇게 글 남깁니다. 핑계 같지만 회사원이다보니 또 여러가지 업무적으로 필요한 일들과 겹치다가 쌤의 열강에 비해서 저의 학습하는 능력은 많이 뒤쳐지고 있는게 현실입니다. 그때마다 응원해주시고 정말 진심으로 도와주셔서 감동 또 감동이었습니다! 사실 저만 알고 싶은 그런 쌤이긴 하지만 저처럼 공공대사는 분들이 계실 것 같아 알려드려요. 여러분들도 쉽고 빠르고 정확하게 배우세요. 쌤. 조만간 또 뵙겠습니다. 다음에는 쌤이 알아보실 정도로 실력을 높여서 뵙겠습니다. **현재 인연** 감사합니다. 쌤. 새해에도 더욱더 많은 지도 부탁드리며 새해 복 많이 받으세요 ⚘🙋‍♀️

이런 이력과 긍정 후기는 더 많은 거래가 이루어지는 부스터 역할을 한다. 하지만 처음에는 좋은 이력을 쌓고 긍정 후기를 받는 데 어려움이 있다. 그래도 최선을 다해 자신의 일을 해 나가다 보면 서로 만족하는 거래가 생긴다. 내가 지식 비즈니스로 올린 첫 매출은 딱 1명을 교육한 거래였다. 처음부터 전문가가 될 수는 없지만, 최선을 다한 노력으로 지식 비즈니스 전문가가 되겠다는 목표를 갖는 것이 중요하다.

5. 추가 안내

마지막으로, 제공하는 서비스에 대해 추가적으로 안내할 것이 있다면 내용을 정리해 사람들이 볼 수 있게 해야 한다. 나의 경우 '비즈니스 문서 작성' 교육은 몇 명이 적당한지, 파워포인트 버전은 어느 정도가 되어야 하는지, 1회차 교육과 2회차 교육의 차이는 무엇인지, 교육비는 어느 정도인지 등 사람들이 궁금해할 만한 것들을 쉽게 알 수 있게 정리하여 제공한다.

회차별 교육에 대한 안내

교육비 안내

- ☑ 교육비는 담당자님과 조율하여 결정합니다.
- ☑ 이론강의 문서는 필요 시 인쇄하실 수 있도록 PDF 파일로 전달 드립니다.
- ☑ 더 나은 교육효과를 얻으시기 위해 드리는 교육관련 파일들은 무료입니다.
- ☑ 지방 출장 시에는 교통비를 부담해주시는 것이 추가됩니다.
- ☑ 사업자로 등록되어 있기에 세금계산서 발행이 가능합니다.
  사업자번호: 481-05-00577
  상호명: 라파엘

블로그 활용의 첫걸음, 검색어 찾기

'제공하는 상품에 대한 소개'를 파워포인트로 만들면 지식 비즈니스에 도움이 된다. 하지만 문서를 만드는 데 익숙지 않은 사람도 많다. 그런 사람이라면 블로그를 활용할 것을 추천한다. 지금까지 이야기한 것들과 앞으로 이야기할 것들을 반영해 블로그에 꾸준히 포스팅하는 것만으로도 큰 효과를 볼 수 있을 것이다.

제공하는 지식 서비스를 블로그 게시물로 소개하는 데에는 3가지 장점이 있다. 첫째, 디자인을 고민할 필요가 없다. 둘째, 비용이 들지 않는다. 셋째, 해당 상품에 관심이 있는 사람들에게 더 널리, 더 잘 알릴 수 있다.

블로그 활용에 중점을 둔 홍보 방안에 대해 더 자세히 알아보자.

인터넷 홍보가 막막하다면? 검색어 활용부터 시작하자!

인터넷 홍보의 첫 시작은 검색어를 잘 활용하는 것이다.

현재 한국에서 가장 많은 사람이 이용하고 있고 이로 인해 여러 사업이 이루어지는 기업이 네이버다. 네이버에 접속해 알고자 하는 내용을 검색하면 정보를 잘 선별해서 볼 수 있다.

그런데 한번 생각해 보자.

"스스로가 인터넷을 이용하면서 검색할 때의 상황만큼 무언가를 알고 싶고 이용하기를 강하게 원하는 때가 있는가?"

목마른 자가 우물을 찾는다고 한다. 나도 무언가가 궁금할 때, 필요한 것을 사야 할 때, 가장 먼저 하는 일은 '네이버에 접속해 관련 단어로 검색하는 것'이다. 그렇게 검색된 내용을 보면서 정보를 얻고 필요한 것을 구매한다. 그러므로 인터넷 홍보에서 무엇부터 해야 할지 모르겠다면 항상 다음 문장을 기억하자.

"이용자가 검색했을 때 보여지는 내용에 내가 홍보하는 것이 있어야 거래가 생긴다."

시장을 방문한다고 생각해 보자. 사람들이 시장이나 마트에 가는 이유는 어떤 상품에 대해 알아보기 위함일 수도 있지만, 대부분은 무언가 필요한 것을 사러 간다.

"시장, 마트에 방문 = 물건에 대한 관심이 높으며, 사고 싶은 마음 또한 큰 상황"

이를 인터넷 홍보에 대입해 보자.

"검색 사이트에서 검색 = 검색한 것에 대한 관심이 높으며, 이용하고 싶은 마음 또한 큰 상황"

내가 인터넷 홍보에 있어 먼저 '홍보하는 주제와 관련 지어 사람들이 검색했을 때 쉽게 눈에 띄어야 한다'고 말하는 이유는 사람들이 검색할 때의 마음 때문이다.

네이버의 연관 검색어를 활용한다

모두가 알다시피 콜럼버스는 신대륙을 새로 만들지 않았다. 배를 타고 가서 자신이 살지 않던 지역에 새로운 부족이 살고 있음을 발견한 것뿐이다. 인터넷에서 홍보할 때는 "내가 홍보하는 것과 관련해 사람들이 검색할 때 자주 사용하는 단어를 발견한다."는 관점이 필요하다. 그래야 자신이 제공하는 상품에 관심을 가지고 이용하기를 원하는 사람을 더 쉽게 만날 수 있다. 그런 단어를 찾는 방법을 알고 싶다면 지금 PC나 스마트폰으로 네이버에 접속해 다음과 같이 자신이 제공하려는 사업 관련한 단어를 입력해 보자.

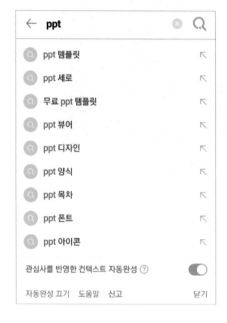

파워포인트를 이용해 만든 문서를 보통 PPT라 하는데, 네이버 검색창에 PPT를 입력하면 다음과 같이 자동으로 관련 단어들을 추천해 준다.

이렇게 일부 글자를 입력하면 자동으로 사람들이 자주 이용하는 '연관 검색어'가 나타난다. 콜럼버스는 신대륙을 발견하기까지 배를 타고 많은 위험을 감수해야 했고, 상당한 고생을 해야 했다. 하지만 사람들이 자주 이용하는 검색어를 찾는 것은 이렇게 자신이 알릴 상품과 관련된 단어 몇 자 적어 보는 것만으로도 충분하다.

참고로 연관 검색어는 시간이 지나면서 달라지기도 한다. 단어를 입력하는 그 시점에 사람들이 자주 이용하는 단어를 선별해 자동으로 보여 주는 것이기 때문이다.

네이버 키워드 광고의 '키워드 기준 연관 키워드'를 활용하기

내가 정식으로 교육 서비스를 운영하는 것은 '비즈니스 문서'와 '인터넷 홍보'이지만, 그 외에도 사람들에게 컴퓨터와 인터넷 활용법을 공유한다. 홈페이지와 쇼핑몰 제작 및 운영, 엑셀 활용 등 컴퓨터와 인터넷을 활용해 일을 하는 데 어렵고 답답함을 느낄 주제는 다양하다. 의지와 적극성을 가지고 이런 문제를 해결하고 싶은 사람들에게 더 많은 도움을 주고자 정보를 공유하는 것이다. 이런 사람들에게 해 주고 싶은 말이 있다.

"스마트폰만으로 모든 일을 다 잘할 수는 없다. PC도 어느 정도 활용해야 더 수월하게 여러 일을 할 수 있다."

파워포인트로 비즈니스 문서를 만드는 경우, 스마트폰은 활용하기 힘들다. 스마트폰으로는 읽는 이를 쉽게 이해시킬 수 있는 표현력이 좋은 문서를 만들 수 없기 때문이다. 하지만 인터넷 홍보의 경우, 나는 가능한 한 PC보다는 스마트폰을 이용해 홍보하도록 교육한다. 그래야 배움의 장벽은 낮아지고, 이후 배운 내용을 꾸준히 활용할 수 있기 때문이다. 그러나 앞서 설명한 검색어 찾기에는 PC를 이용하여 네이버 키워드 광고의 '키워드 기준 연관 키워드'까지 활용하는 것이 효과적이다.

'키워드 기준 연관 키워드' 찾는 방법

〈순서 1〉

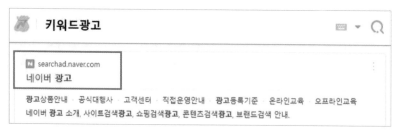

→ 네이버 광고를 이용하기 위해 주소창에 searchad.naver.com을 입력한다.

〈순서 2〉

→ '네이버 아이디로 로그인'을 클릭해 가입 및 로그인을 진행한다(가입해야만 네

이버 광고 이용 가능)

〈순서 3〉

→ '광고 시스템'을 클릭한다.

〈순서 4〉

→ '광고 만들기'를 클릭한다.

〈순서 5〉 캠페인 만들기 – 광고 서비스 이용하기 위한 설정

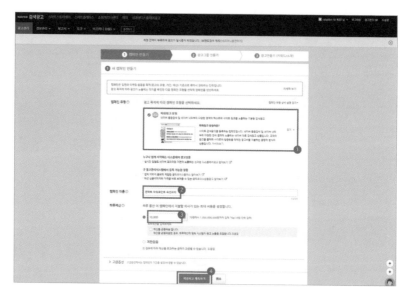

❶ 캠페인 만들기에서 '파워링크 유형'을 클릭한다.

❷ 캠페인 이름에 '판매하는 상품 이름'을 입력한다.

❸ 하루 동안 최대로 사용할 광고 금액을 입력한다(소기업은 10,000원이 적당하다).

❹ '저장하고 계속하기'를 클릭한다.

〈순서 6〉 광고 그룹 만들기

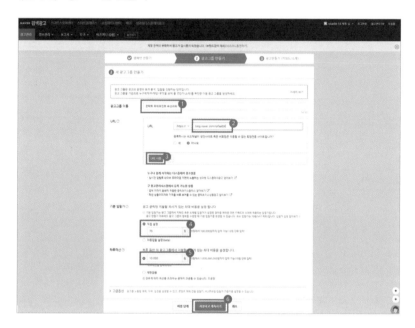

❶ 광고 그룹 이름에 '판매하는 상품 이름'을 입력한다.

❷ URL에는 운영하는 블로그 주소를 입력한다. (예: blog.naver.com/rafael84)

❸ 'URL 사용'을 클릭한다.

❹ 기본 입찰가에서 최소 금액인 70원을 입력한다.

❺ 하루 동안 최대로 사용할 광고 금액을 입력한다(소기업은 10,000원이 적당하다.).

❻ '저장하고 계속하기'를 클릭한다.

〈순서 7〉 광고 만들기(키워드/소재)

❶ 판매하는 상품과 관련된 단어 하나를 입력 한다(나의 경우. 파워포인트).

❷ 현재는 광고를 등록하는 것이 주된 목적은 아니므로, 제목에 '판매하는 상품

이름'을 입력한다(언제든 수정 가능).

❸ 설명에도 '판매하는 상품 이름'을 입력한다(언제든 수정 가능).

❹ 검토 요청에 '아니요'를 클릭한다.

❺ '광고 만들기'를 클릭한다.

〈순서 8〉

→ 사람들이 검색 시 자주 사용하는 단어를 찾기 위해 '새 키워드'를 클릭한다.

〈순서 9〉

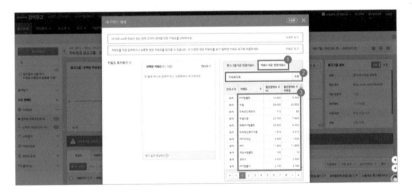

❶ '키워드 기준 연관키워드'를 클릭한다.

❷ 판매하는 상품과 관련된 단어 하나를 입력창에 입력한다.

　(예: 파워포인트)

❸ '연관되어 나오는 단어들 중 홍보에 도움이 되는 단어들을 확인'한다.

홍보에 활용하기 좋은 단어 고르기

인터넷 홍보를 하는 사람은 '국민들이 투표하는 오디션'에 참여한 것과 같다. 기본적으로 인터넷 홍보는 '사람들의 관심과 사랑을 받기를 원하는 것'을 인터넷에서 적극적으로 알리고 소통하는 행위이다. 그렇게 알린 것을 본 사람들은 애정의 정도에 따라 작게는 '좋아요' 버튼을 눌러 관심을 표하고, 좀더 적극적으로는 자신의 마음을 댓글로 남기기도 한다. 이보다 더 적극적이 되면 '공유' 버튼을 눌러 사실상 홍보에 동참한다.

단, 오디션 프로그램과 달리 블로그, 페이스북, 인스타그램을 활용한 홍보는 '그 공간에 참여하는 사람과 소통하는 주제가 무한정'이다. 스마트폰으로 앱을 다운받아 회원가입만 하면, 그 이후로는 누구든 SNS를 활용해 자신이 하고 싶은 이야기를 하면서 사람들과 소통할 수 있다. 친목을 위해서인지 아니면 거래를 위한 홍보인지, 각자가 SNS를 활용하는 목적만이 다를 뿐이다.

친목만을 생각한다면 굳이 여러 가지를 배우고 활용하려 애쓸 필요가 없다. 그러나 거래를 바라고 SNS를 활용해 홍보하고 싶다면 최소한 이 책에 정리한 내용은 알고 적용해야 한다. 그래야만 무조건 열심히만 한 사람과는 시간이 지날수록 홍보를 통한 성과의 격차가 커질 것이다.

그렇기 때문에 홍보하려는 상품과 관련해 사람들이 자주 이용하는 검색어들을 찾아냈다면, 다음은 이 검색어들 중 활용할 때 홍보 효과가 좋은 검색어들을 추려야 한다.

'카똑똑'을 이용하여 홍보에 활용하기 좋은 단어들을 추리기

이제 홍보에 활용하기 좋은 단어들을 추리는 방법을 알아볼 차례다. 이런 단어를 추려야 하는 이유는 크게 2가지이다.

하나, '단어별로 사람들이 자주 이용하는 빈도'가 다르다.

둘, '그 단어를 사용해 다른 사람들이 만든 게시물의 수'가 다르다.

우리나라 국민 대다수가 이용 중인 메신저 앱 '카카오톡'에서 제공하는 '카똑똑' 서비스로 이런 이용 빈도와 게시물의 수를 간단하게 확인할 수 있다. 다음은 카똑똑 서비스로 'ppt템플릿' 관련해 한 달간 네이버에서 해당 단어가 몇 번이나 검색됐고 관련 게시물은 얼마나 만들어졌는지 알아본 결과이다.

　네이버 검색창에서 'ppt'를 입력 후, 나오는 연관 검색어 'ppt 템플릿'을 확인한 후, 카카오톡에서 이용 가능한 '카똑똑' 프로그램을 통해 '사람들이 실제로 한 달 동안 검색하는 양'과 '만들어진 게시물 수'를 확인할 수 있다.

'카똑똑'을 이용하는 방법(스마트폰)

〈순서 1〉

❶ 카카오톡에서 돋보기 아이콘을 터치한다.

❷ 검색창에 '카똑똑'을 입력한다.

❸ 앞의 그림과 같은 버튼을 터치한다.

❹ '채널추가'를 터치한다.

❺ 더 쉽게 이동하기 위해 별표 아이콘을 터치한다.

❻ 직접 단어를 입력해 검색량을 확인하기 위해 앞의 그림과 같은 아이콘을 터치

한다.

〈순서 2〉

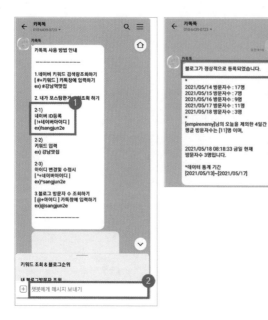

❶ 처음 이용 시, 글자를 입력하는 곳에 느낌표(!)와 네이버 아이디를 입력한다.

　(예: !rafael84)

❷ 챗봇에 메시지를 작성할수 있다.

· 등록 완료됐는지 확인한다.

〈순서 3〉

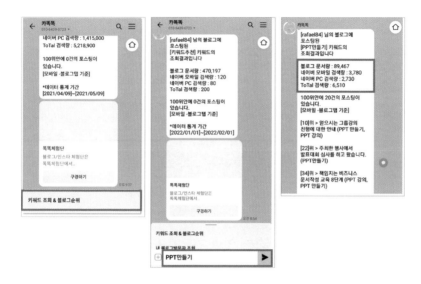

- '키워드 조회 & 블로그 순위'를 클릭한다.
- 검색량을 확인할 단어를 입력한다(예: PPT 만들기).
- 검색 결과를 확인한다.

　홍보에 활용하기 좋은 단어들을 찾는 과정을 어선에서 물고기를 잡는 상황과 비교하면 이해하기 쉽다.

　바다에 어선이 떠 있다. 어선은 많은 물고기를 잡기 위해 레이더를 켠다. 레이더에 나타나는 바다 모든 곳에 물고기가 있지는 않다. 물고기는 특정 위치에 몰려 있는데, 그 수와 위치는 각기 다르다. 많은 물고기를 잡고 싶다면 물고기가 많이 몰려 있는 곳으로 가야 한다.

이렇게 물고기가 많이 몰려 있는 곳이 곧 '검색량이 많은 단어'인 셈이다.

내가 일하는 여러 주제 관련한 단어별 검색량을 확인해 본 결과는 다음과 같다.

단어	ppt 템플릿	ppt 디자인	ppt 폰트
모바일 검색량	3,490	1,410	150

사실 카똑똑에서 검색하면 여러 자료가 나타나는데, 중요한 것은 '모바일 검색량'이다. 대부분의 사람들이 일상에서 스마트폰을 주로 이용하는 시대인 만큼, 일할 때만 사용하는 PC 검색량은 신경 쓰지 않아도 된다.

나는 이런 방법을 통해 내가 하는 일과 관련해 사람들이 'ppt 템플릿'이라는 단어를 가장 자주 검색한다는 것을 알 수 있고, 이를 인터넷 홍보에 이용한다.

다시 어선 이야기로 돌아가 보자. 레이더로 물고기가 많이 모인 곳을 확인했다면, 다음으로 할 일은 무엇일까? 당연히 그 위치로 가야 한다. 그러나 막상 가보면 다른 어선들도 있을 것이다. 더욱이 시간이 지날수록 점점 많은 어선이 몰려와 물고기를 잡을 가능성이 높다. 물고기를 많이 잡으려면 '물고기가 많이 몰려 있는 곳, 다른 어선이 적은 상황'이 유리하다.

많은 어선이 몰리는 상황이 인터넷 홍보에서는 '해당 단어를 사용해 만들어진 블로그 게시물의 수'다. 특정 단어를 입력해 검색했을 때, 이미 만들어진 블로그 게시물의 수가 적어야 그 단어를 활용한 인터넷 홍보의 효과가 커진다. 그래야 상대적으로 사람들의 관심을 더 쉽게 끌 수 있고, 거래가 더 잘 이루어진다.

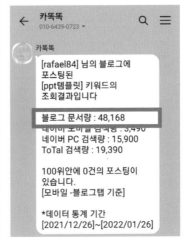

| 어선들이 물고기를 잡기 위해
모여든 모습 | '카똑똑'에서 특정 단어를 입력했을 때
확인되는, 해당 단어를 이용해 사람들이
만든 게시물 수 |

다음은 나의 사업 관련해 단어별로 '이미 만들어진 블로그 게시물의

수'를 확인한 결과이다.

단어	ppt 템플릿	ppt 디자인	ppt 폰트
이미 만들진 블로그 게시물 수	48,169	120,335	22,062

'ppt 디자인'이라는 단어를 사용해 이미 사람들은 12만 개가 넘는 게시물을 만들었다는 것을 확인할 수 있다. 그렇기 때문에 내가 이 단어를 사용해 게시물을 만들면 사람들 눈에 띌 확률이 떨어진다. 사람들이 'ppt 폰트'라는 단어를 사용해 만든 게시물은 2만 2000여 개다. 'ppt 디자인'에 비하면 현저히 적은 숫자이지만, 그래도 많다. 하지만 'ppt 폰트'라는 단어로 한 달간 검색된 횟수는 150회에 불과하다. 반면 'ppt 템플릿'은 'ppt 폰트'에 비하면 2배가 넘는 게시물이 만들어져 있다고는 해도 검색량에서는 23배가 넘기에 'ppt 템플릿'이 홍보에 가장 유리하다.

자주 검색하는 단어를 보면 그 단어를 이용하는 사람들의 마음이 보인다

성공한 사업가들의 책에는 이런 말이 자주 나온다.

"고객을 잘 알아야 사업이 나아가야 할 길이 보인다."

그렇다면 고객의 마음은 어떻게 알 수 있을까? 사실, 자주 검색하고 이용하는 단어를 통해 사람들의 마음을 어느 정도 알 수 있다.

네이버에서 사람들이 자주 이용하는 단어를 살펴보며 '사람들은 왜 이 단어를 이용해 검색할까?' 하는 의문이 들곤 했다. 이를테면 파워포인트로 비즈니스 문서를 작성하려는 사람들이 'ppt 템플릿'과 'ppt 디자인'이라는 단어를 자주 검색하는 이유가 뭘까?

나는 2017년부터 현재까지 교육 일을 계속 해오고 있기에, 이 단어들을 입력해 검색을 하는 사람들의 바람과 마음을 알고 있다. 우선 이 단어들을 입력해 검색하는 사람들의 심리를 잘 알고 있는 것은 내가 하는 일에 있어 공급자이며 소비자이고 또한 학습자인 이유가 크다.

맨 처음 파워포인트로 비즈니스 문서를 만들 때 나도 누군가가 잘 만든 템플릿을 찾아 다운로드 한 뒤 이용하는 경우가 많았다. 막연하게 파워포인트로 문서를 만들 때는 '보기 좋아야 한다'는 생각 때문에 '어떻게 하면 더 보기 좋게 할 수 있을까?'를 주제로 고민하고 관련된 자료도 많이 찾아 보려 했다. 그렇게 고민을 하다가 문제를 해결한 경험이 있기 때문에, 사람들이 자주 찾는 검색어를 보면 검색을 한 마음과 이유를 더 쉽게 알게 된다.

주로 '지식 비즈니스'로 성공하고 싶은 분이 이 책을 읽을 것이다. 그럼 여러분의 경우도 나와 같이 대부분의 경우 자신이 하는 일에 있어서 처음에는 학습자이고 그 뒤에는 소비자이며 마지막에는 공급자가 되는 과정을 밟을 것이다. 그러니 '인터넷 홍보'를 잘하고 싶다면 한번 자신이 지나온 길을 이번 계기를 통해 되돌아 보자. 자신이 하는 일과 관련해 맨 처음 배움을 얻거나 도움을 받고 싶을 때 '나는 무엇이 제일 궁금했고 필요했었나?'를 생각해 보자. 그렇게 지나온 길을 되돌아보는 과정에서 인터넷 홍보를 더 잘할 수 있는 힘이 생긴다.

다시 이야기하던 주제로 돌아와 나의 경우는 이 밖에도 'ppt 템플릿, ppt 디자인, ppt 폰트'라는 단어 외에 'ppt 만들기'라는 단어가 내가 하는 일과 연관성이 높으며 사람들이 자주 이용하는 단어인 것을 누적된 경험을 통해 안다.

[ppt 만들기] 키워드 검색 예시

카톡똑

[rafael84] 님의 블로그에 포스팅된
[ppt만들기] 키워드의
조회결과입니다

블로그 문서량 : 89,317
네이버 모바일 검색량 : 4,070
네이버 PC 검색량 : 2,920
ToTal 검색량 : 6,990

100위안에 19건의 포스팅이
있습니다.
[모바일 -블로그탭 기준]

[8]위 > 얻으시는 그룹강의 진행에
대한 안내 (PPT 만들기, PPT
강의)

[21]위 > 주최한 행사에서
발표대회 심사를 하고 왔습니다.
(PPT만들기)

모바일 검색량	4,070
이미 만들어진 블로그 게시물의 수	89,317
이 단어를 검색하는 사람의 마음	PPT 만드는 법을 배워 스스로 잘 만들고 싶다.

홍보에 효과적인 네이버 블로그

이렇게 자신이 제공하는 상품 관련해 네이버에서 사람들이 자주 검색하는 단어를 알고 이를 잘 활용해 홍보 게시물을 만든다면 내 상품에 관심을 보이고 사랑해 줄 고객을 쉽게 만날 수 있다. 물론 거래가 이루어지고 비즈니스가 유지되려면 탁월한 품질의 상품이 있어야 한다. 이제 활용 가치가 높은 단어를 활용해 홍보 게시물을 만드는 법을 알아보자.

지식 비즈니스 기업이 활용하기에 가장 좋은 인터넷 홍보 도구, 네이버 블로그

2007년 5월 7일. 대학교 3학년이었던 내가 처음으로 네이버 블로그를 개설하고 게시물을 만든 날이다. 2022년 현재까지 15년이 지났으나 네이버 블로그는 여전히 사람들에게 이용되고 있다. 19년 전인 대학교 1학년 때, 나는 싸이월드의 미니홈피를 이용했다. 군대를 전역한 후에는 네이버 블로그를 이용했고, 동시에 Daum 블로그와 티스토리라는 블로그를 이용하기도 했다.

그때만 해도 '어디에서 제공하는 블로그가 최고'라는 인식이 없었다. 한 기업의 서비스가 폭발적인 이용을 이끌어내기보다는 사람들이 여러 기업의 블로그를 개설해 이용했다. 그러나 현재의 상황을 보자.

대한민국 국민 70% 이상이 네이버를 통해 검색을 한다.

— 시사저널 2021. 3. 3.

우리나라 사람들은 무엇인가를 검색할 때, 이제 대부분이 네이버를 이용한다. 앞서 말한 대로 인터넷에서 홍보할 때, 내가 제공하는 상품에 관심이 있고 필요로 하는 사람을 만나는 것이 우선이다. 거래가 이루어지는 것은 그다음이다. 그리고 지금 시대에 그런 만남이 가장 활발히 이루어지는 곳이 네이버다.

점점 경쟁력을 높여가며 검색 서비스 이용 점유율에 있어 다른 기업들과 격차를 크게 벌려온 네이버는, 검색 후에 보여지는 결과에서 '블로그 게시물이 뉴스나 동영상 같은 다른 게시물과 비교해 더 눈에 띄는 위치에서 사람들이 볼 수 있도록' 서비스를 제공한다. 이 그림은 첫 번째 책 〈온택트 파워포인트 속성 과외〉를 네이버에서 검색했을 때 보여지는 정보들의 모습이다.

사업도 일종의 장사다. 장사를 하려면 거래할 마음이 있는 사람들이 모여 있는 곳으로 가야 한다. 한국 인터넷 시장에서는 네이버가 그런 곳이다. 검색 점유율이 70%인 곳에서 검색한 사람들 눈에 띄어야 바라던 대로 상품을 알리고 거래할 기회가 생긴다. 또한, 네이버 블로그는 검색 결과에서 다른 게시물 유형과 비교해 상대적으로 상위에 보여진다.

네이버 블로그의 장점 및 매력 ❶ – 무료이고, 이용이 편리하다

컴퓨터와 인터넷을 활용해 서비스를 만들고 제공하는 산업을 보통 IT^{Information Technology}라 부른다. IT 기업의 상당수는 지속적으로 운영되지 못한다. IT 산업의 다음과 같은 구조적인 어려움 때문이다.

1. 사람들이 대부분 공짜로 이용하려 함

2. 이용 가격이 낮음

3. 타 업체의 사이트를 보고 쉽게 모방이 가능함

4. 사이트를 만들고 운영하는 과정에서 자잘하게 할 일이 많음

5. 거래할 때 일의 양과 비용에 대한 이해 차이가 큼. 예를 들어, 제작할 때 '기획, 디자인, 코딩, 개발의 과정'이 필요한데, 이 단계들에서 발생하는 인건비를 안내하면 너무 비싸다고 하는 경우가 많다.

또한, 인터넷에서는 공간을 초월해 어디로든 이동이 가능하기에, 시간이 지나면 사람들이 많이 이용하는 곳만이 계속적인 선택을 받는다. 이런 곳만 살아남고 나머지는 몰락의 길을 걷게 된다.

이런 특징은 모든 IT 기업이 겪는 상황이다. 그러니 쉽게 망하지 않는 기업이 운영하는 서비스를 이용해야 기껏 애써서 만든 블로그가 사라지는 일 없이 안전함을 보장받는다. 한국의 대표적인 IT 기업인 네이버에서 항상 많은 신경을 써서 운영하는 네이버 블로그는 안정성면에서 다른 기업의 블로그보다 월등하다.

다음으로, 네이버 블로그는 이용이 쉽다. 나는 약 7년간 디자이너, 개발자와 함께 직접 사이트를 기획하고 제작했다. 이때 흔히 '스토리보드'라고 불리는, 건축의 '설계 도면'과도 같은 문서를 만들었다. 이런 경험이 있기에 새로운 사이트를 보아도 어떻게 이용해야 하는지에 대한 이해가 비교적 빠르다. 주로 어느 공간에 무슨 기능이 있는지, 이 버튼을 누르면 어떤 일이 진행될지 자연스럽게 머릿속에 그려진다.

그런데 사람들이 보기에는 똑같아 보이는 사이트라도 실제 운영하고 이용할 수 있게 만드는 방식에 있어 미국에서 기획하여 만든 것과 한국에서 기획하여 만든 것은 차이가 크다. 나는 인터넷 홍보의 전문성을 쌓는 과정에서 한 교육기관의 교육을 받았는데, 그 계기는 구글 Ads, 즉 '구글에서 제공하는 광고 시스템' 이용법을 더 잘 알기 위해서였다.

구글 Ads의 이용법은 내가 직접 만들고 운영한 수많은 사이트들과 달라서 독학으로 익히기에는 어려움이 있었다. 나름 전문가라 할 수 있는 내게 어색하고 이용이 어렵다면, 보통 사람들이 구글 Ads를 활용하는 데는 장벽이 높을 것이다.

그런데 내가 꾸준히 이용해 온 바, 구글 Ads처럼 미국에서 만든 사이트에 비해 네이버 블로그는 어려움이 훨씬 적다. 이 책에 담긴 내용을 따라하면, 각자 차이는 있더라도 네이버 블로그를 직접 활용하여 성과를 내는 과정이 다른 도구에 비해 상대적으로 쉬울 것이다.

네이버 블로그의 장점 및 매력 ❷
– 메뉴를 만들어 게시물을 짜임새 있게 쌓아갈 수 있다

컴퓨터와 인터넷을 활용해 일을 하다 보면 자연스레 '파일'과 '게시물'이 쌓인다.

"파일 정리가 안 돼서 어수선해요."

"전에 인터넷 게시물을 만들긴 했는데 어디 있는지 찾지를 못하겠어요."

하루에 하나씩 포스팅하는 것을 목표로 하는 사람도 있다. 이 경우 1년이면 365개, 2년이면 730개의 게시물이 운영 중인 인터넷 공간에 쌓인다.

블로그와 유튜브 등을 활용해 꾸준히 필요한 게시물을 만들고 사람들과 소통하며 느끼는데, 게시물은 꼭 만든 그날만 영향을 미치는 것이 아니다. 특히 블로그는 사람들이 검색을 통해 이전에 만든 게시물도 볼 수 있기 때문에, 예전 게시물이라도 자신이 하는 일에 꾸준히 영향을 준다. 또한, 일을 하다 보면 사람들이 더 쉽게 소통할 수 있도록 이해를 돕기 위해 이전에 만든 게시물을 공유할 때가 있다.

이런 긍정적인 상황이 생기려면 앞 장에서 이야기한 대로 '사람들이 검색할 때 자신이 만든 게시물이 쉽게 눈에 띄어서 보게 해야' 하고, 게시물을 만들 때 '메뉴를 만들어 게시물들을 주제에 따라 잘 분류'해야 한다.

홍보와 관련해 게시물을 계속 만들면서 제대로 분류하지 않으면, 다른 사람은 물론이고 자기 자신도 이전에 만든 게시물을 찾기 힘들어진다. 즉, 쉽게 찾아서 볼 수 없게 된다. 이전에 만든 게시물은 더 이상은 활용하지 못하는 존재가 되어 자신의 일에 있어 도움을 주지 못한다. 그러니 이 말을 명심하자.

"인터넷에 만든 게시물을 주제별로 분류해 잘 쌓아나갈 때 홍보에 더 큰 힘이 생긴다."

네이버 블로그는 요즘 사람들이 많이 이용하는 페이스북이나 인스타그램과 달리 '메뉴'를 만들어 쌓아나갈 수 있어서 이전에 만든 게시물을 찾아보는 것도 상대적으로 쉽다. 그렇게 되면 이 게시물들이 내가 하는 일에 계속적으로 힘을 더해 주는 보충제가 된다.

네이버 블로그의 장점 및 매력 ❸
– 다른 인터넷 서비스와 시너지 효과를 낼 수 있다.

"지식 비즈니스 소기업은 다재다능해야 더 오래 살아남습니다."

내가 지식 비즈니스에 대해 궁금해하는 사람들에게 자주 하는 이야기다. 실제로 나는 '파워포인트, 엑셀, 워드, 블로그, 키워드광고, 프리미어' 같은 컴퓨터 프로그램과 인터넷 서비스를 고루 쓴다. 각자 다른 역할이 있고, 내가 일을 해나가는 데 도움을 주기 때문이다.

• 1인 기업으로 일하며 사용하는 도구들 •

나의 경험상, '모든 일을 다 잘할 수 있게 해 주는 만병통치약 같은' 절대적인 컴퓨터 프로그램과 인터넷 서비스는 없다. 파워포인트와 엑셀, 워드만 보더라도 그 쓰임새가 각기 다르다. 이는 이 프로그램들이 각기 다른 용도로 만들어졌기 때문이다. 내가 생각하는 제작자들이 이 3가지를 만든 의도는 각각 다음과 같다.

프로그램	만든 이유
파워포인트	'쉽게 이해되며, 보기 좋게 시각화해 표현함으로써 문서로 이야기를 나누는 데' 도움을 줌
엑셀	'주로 숫자와 관련된 자원 관리를 하는 데' 도움을 줌
워드	'표로 내용을 잘 정리해 짜임새를 갖춰 이야기를 나누는 데' 도움을 줌

인터넷 서비스의 경우도 네이버 블로그는 서술 형식으로 게시물을 만드는 데 장점이 있다. 만약 서술 형식 게시물이 아닌, 정사각형 사이즈의 '카드뉴스' 홍보물을 만들 때는 네이버 블로그가 아닌 '미리캔버스'를 이용하는 사람이 많다.

지금은 많은 사람들이 영상으로 이야기하려 하고 실제 영상을 통해 이야기하는 시대이다. 나는 영상을 편집할 때는 '프리미어'라는 프로그램을 사용하고, 영상을 올릴 때는 '유튜브'를 이용한다.

내가 이렇게 다양한 컴퓨터 프로그램과 인터넷 서비스를 이용하는 이유는 지식 비즈니스를 잘 해나가려면 실제로 필요하고 또 많은 도움이 되는 '조합의 필요성' 때문이다. 처음에는 블로그로 인터넷 홍보를 시작하지만, 이후 상황에 따라 유튜브 채널을 만드는 것이 좋다. 필요한 만큼 영상을 만든 후, 이 영상을 블로그 게시물을 만드는 데 함께 활용하라. 이렇게 되면 홍보하는 내용이 '사람들의 마음에 더 많이 와 닿고 더 많이 알려지는 데'에도 도움이 된다.

다음은 인터넷 강의의 내용이나, 도움이 되는 정보 관련된 내용, 투자 유치 관련된 내용을 유튜브 영상으로 만들어서 블로그에 올린 예이다.

• 영상을 유튜브와 블로그 홍보 게시물에 함께 활용한 사례 •

네이버 블로그로 시장을 넓히자

내가 알리고 싶은 것? 사람들이 관심 가지는 것?

인터넷 홍보와 관련해 일하다 보면 자신의 SNS가 얼마나 영향력 있는지에 대해 이야기하는 상황이 온다.

"제 블로그의 구독자 수는 ○○명입니다."

"제 블로그에는 평균 ○○명이 방문합니다."

"제가 운영하는 블로그에 게시물을 올리면 평균 ○○명이 봅니다."

방송으로 치자면, 게시물의 조회수가 얼마나 나오는지를 생각하는 것은 방송 시청률을 확인하는 것과 같고, 게시물을 통해 새로운 거래가 생기는 데 얼마나 도움이 되었는지를 확인하는 것은 홈쇼핑에서 쇼호스트가 상품을 설명하는 것 또는 PD가 방송을 준비하는 것과 같다.

내가 오랫동안 블로그를 운영한 경험에 따르면, SNS를 하는 것 자체로는 큰 의미가 없다. 지식 비즈니스 기업가라면 특히나 자신이 하는 일에 도움이 되는 방향으로 SNS를 활용해야 한다. 그래야 원하는 만큼의 거래가 일어난다.

이제 '블로그를 어떻게 운영해야 내가 하는 일에 도움이 될지'를 알아보자.

사람들은 어떤 주제의 게시물에 관심이 있는가?

블로그에서 조회수 1,000 이상을 기록한 게시물의 특징은 무엇일까? 블로그나 페이스북, 인스타그램, 유튜브 중 어떤 SNS 채널이라도 직접 운영해 봤다면, 그중 조회수 1,000 이상을 기록한 게시물이 있는가? 내가 한 게시물의 조회수 1,000 이상에 주목을 하는 이유는, 이는 절대로 주변 지인들만 봐서는 나올 수 없는 수치이기 때문이다.

나는 게시물을 만들 때 항상 주변 지인만이 아니라 모르는 사람들이 볼 것을 생각한다. 그리고 시간이 지나 얼마만큼의 조회수를 기록하는지를 살펴보며 사람들이 무엇에 더 관심을 가지는지 확인한다. 조회수 1,000 이상을 기록한 게시물은 주제가 가진 영향력이 큰데, 보통은 다음의 5가지 주제에 많은 관심이 쏠린다.

돈 벌기	유명인	문화 콘텐츠	맛집	필요

2022년 1월 25일 기준, 나의 블로그에서 이 5가지 주제별 게시물 조회수는 다음과 같다.

돈 벌기	 **돈 벌기 어려운 현 시대에 4가지 돈버는 방법. 불경기** 돈 벌기 어려운 현 시대에 4가지 돈버는 방법. 불경기 돈을 벌음에 있어 지금 시대의 상황을 계속 살펴봅니다. 많은...	7,771회
유명인	 **NBA 데릭로즈 선수가 사람들에게 감동을 준 사연** 데릭로즈 선수가 최근 시합에서 50득점을 올렸습니다. '원래 잘하는 선수라면 그럴수도 있지?' 라고 생각하겠지만 그 선수가...	1,396회
문화 콘텐츠	 **하나님이 주신 삶의 끝까지 이어나가는 사랑의 삶 (영화 교회오빠)** 하나님이 주신 삶의 끝까지 이어나가는 사랑의 삶 (영화 교회오빠) '오늘 나에게 주어진 이 하루가 내 인생의 마지막...	5,240회
맛집	 **공릉동에 있는 최고로 맛있는 생삼겹살 맛집. 히딩크의 추억 (공릉삼겹살, 공릉고기집, 통삼겹)** 공릉동에 있는 최고로 맛있는 생삼겹살 맛집. 히딩크의 추억 (공릉삼겹살, 공릉고기집, 통삼겹) 저는 한번씩 노원 근처로 갈...	1,553회

94

| 필요 |  | 5,235회 |

자신이 하는 일이 이 5가지 주제에 해당하지 않는다면, 관심의 양
과 속도에 차이가 있을 것이다.

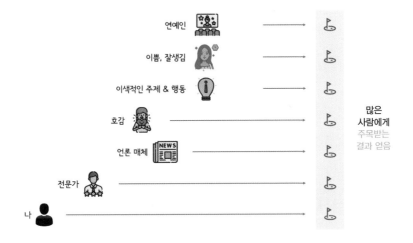

• 인터넷에서 많은 사람들의 관심을 끄는 유형 •

연예인

이쁨, 잘생김

이색적인 주제 & 행동

호감

언론 매체

전문가

나

많은 사람에게
주목받는
결과 얻음

인터넷에서 사람들의 관심을 끄는 유형과 사람들이 더 많이 관심
을 가지는 게시물의 소재를 이야기했다. 많은 지식 비즈니스 기업가

는 자신이 제공하는 상품을 대부분의 사람들이 잘 모르는 상황에서 사업을 시작한다. 네이버 블로그를 개설해도 처음에는 아무도 오지 않는 무인도에 가깝다. 그러므로 인터넷 홍보로 더 많은 거래를 일으키고 싶다면 항상 2가지가 조화를 잘 이루어야 한다.

조화

많은 관심   실질적인 도움

대부분은 자신의 존재와 하는 일을 알리기 위해 블로그를 만들어도 처음부터 많은 사람들의 관심과 사랑을 받지 못한다. 지명도와 개성이 부족하기 때문이다. 인터넷 게시물도 방법을 잘 모르고 만들면 아무런 효과를 보지 못하기도 한다. 이런 상황이 반복되면 '내가 왜 굳이 시간 들여서 이런 일을 하고 있나?' 하는 생각도 든다. 그러다 보면 곧 블로그 활동을 그만둔다.

그러나 네이버 블로그를 하지 않고 지식 비즈니스 기업가가 자리를 잡기란 현실적으로 어렵다. 자신이 제공하는 상품과 관련해 꾸준히 거래할 수 있는 새로운 고객을 만나지 못하면 사업체를 계속 운영할 수 없다. 그러니 차차 설명할 블로그 게시물 작성 방법에 관심을 가지고 시도해 보자. 성과의 정도에는 차이는 있겠지만, 크건 작건 도움이 될 것이라 보장한다.

🔍 네이버 블로그에 담을 게시물의 소재

하나, 프로필

지식 비즈니스 기업가가 먼저 해야 할 일은 '자기 자신 또는 기업을 남에게 잘 소개하는 것'이다. 나는 나를 소개할 수 있는 게시물을 만들어 처음 사람들에게 인사할 때 해당 게시물 주소를 함께 공유한다.

프로필에는 프로필 사진이 기본이고, 자신의 주요 이력 및 제공할 서비스 상품을 소개해야 한다. 그 외 자신을 알릴 긍정적인 모습들을 더 소개하면 좋은데 나의 경우에는 기업 운영 철학, 전문적 정보를 제공해 줄 수 있는 칼럼, 사회 공헌 모습, 사업 관련한 증명문서 등을 올려 두었다.

우선 프로필을 최대한 잘 만들고 계속해서 수정과 보완을 이어가는 것이 좋다. 이런 프로필 게시물은 처음 인연을 맺는 사람에게 나에 대한 호감과 관심을 빠르게 높이는 효과가 있다. 그러니 자신의 매력이 잘 드러나도록 프로필 게시물을 만들어 인터넷 홍보의 실제적인 첫 걸음을 내딛자.

• 프로필에 담는 내용들 •

프로필 사진

주요 이력 소개

제공 상품 소개

기업 운영 철학

전문성과 관련해
직접 작성한 칼럼

사회 공헌 활동 모습

사업 관련한 증명 문서

둘, 제공 상품 소개

지식 비즈니스 기업가는 자신이 제공하는 상품이 무엇인지 사람들에게 알려야 한다. 블로그 운영을 통해 새로운 거래가 발생하기를 원한다면, 다음 4가지 주제의 게시물은 최소한 하나씩은 만들어 사람들이 볼 수 있게 하자.

서비스 소개

이용 문의 안내

이용 후기	전문 칼럼

1. 서비스 소개

고객 입장에서는 무슨 상품인지 알아야 이용할 마음이 생긴다. 나는 주로 교육을 하기에 기관으로부터 강의소개서를 보내달라는 요청을 자주 받는다. 다음은 내가 만들어 사용하는 강의소개서이다.

· 블로그에 올린 강의소개서 예시 ·

"PPT 만들면서 어떤 점이 가장 힘드세요?"

"어떤 PPT 가 잘 만든 건가요?"

앞의 질문에 대한 최선의 답을 찾았고,
계속 보완을 해나가고 있습니다.

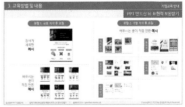

이처럼 문서를 만든 후 이미지 파일로 저장해 올리면 사람들이 쉽게 내용을 이해할 수 있을 뿐만 아니라 전문성이 있다고 느끼게 되므로 효과가 좋다. 만약 이런 문서를 만들 수 없다면, 최소한 해당 내용

을 빠짐 없이 서술하는 글이라도 블로그 게시물로 올려야 한다.

강의소개서에는 교육 목표, 강사 소개, 강의 방법, 강의 혜택, 강의 이력, 강의 후기 등을 상세히 담는다. '파워포인트로 소개하기'에서 언급했던 내용을 참고하여 ppt 파일로 만들어서 올려 두면 좋다.

2. 이용 문의 안내

지식 서비스를 운영하다 보면 상품 관련해 수많은 질문을 받게 되는데 반복해서 자주 하는 질문들이 있다. 이런 질문은 답변을 잘 정리해 게시물을 만들어두면 사람들이 보다 쉽고 빠르게 궁금증을 해결할 수 있다.

· 교육을 하면서 가장 많이 받는 질문과 답변 내용 예시 ·

'고민의 해결 가능' 여부	"○○ 한 이유로 교육을 받고 싶은데 교육을 받으면 가진 어려움이 해결될까요?"
	첫번째로, 제안드리는 교육 후의 기대 목표가 본인이 원하는바와 맞는지 확인하세요.
	저는 동시에 여러 일을 하면서 PPT로 다양한 목적의 문서를 만들어 원활히 사람들과 커뮤니케이션 하는 게 중요한 직장인분들 대상으로 맞춤식 교육을 해요.
	그래서 굳이 필요하다 생각하지 않는데 감당 못할 시간을 들여 과하게 표현하는 걸 추천드리지 않고, 교육 내용에 포함되어 있지 않습니다.
	(이미지만 사용해 PPT에 내용을 표현하는 거와는 다른 이야기에요. 깔끔한 표현으로 내용이 쉽게 이해되게 문서를 만드는 것이 언제나 가장 낫다 생각하기에, 이에 주안점을 두어 교육을 해드리고 있어요.)

'교육 효과를 극대화하는' 방법 출발	"어떻게 교육을 받는게 가장 효과가 좋나요?"

두번째로, 교육 받기 전 최대한 안내드리는대로 준비를 잘해 주세요.
교육 전 전화를 통해 공통적으로 확인하며 안내드리는 내용이 있습니다.

- 어떤 목적으로 사용하기 위해 PPT를 만드시나요?
- PPT가 아니더라도 Word나 한글로 업무에 필요한 문서를 만든 경험 이 있으신가요?
- 교육받을 때 본인이 만들었거나 보여주고 싶은 PPT를 가져올 수 있으 신가요?
- 어떤 부분에 더 주안점을 두어 배우고 싶으신가요?
- 이용하시는 파워포인트 버전은 어떻게 되시나요?

세번째로, 최대한 높은 집중도를 가질 수 있는 컨디션으로 교육을 받으 세요.

많은 분을 교육해오는 과정을 거치면서 고민 후에 정한 가장 효과성 높 은 교육 방법은

- PPT 제작에 필요한 개념을 알고.
- 여러 도움되는 예시를 본 뒤.
- 단축 버튼, 단축키, 기능을 아는 실습을.

잘 조합하여 배우시는 분께 해드리는 것입니다.
(보통 3시간 30분 정도의 시간이 소요되요.)

네번째로, 필요한만큼만 보완 교육을 받으세요.

한 번 교육을 받았다고 다양한 유형의 문서를 모두 다 잘 만들 수는 없습니다.

기획서, 제안서, 보고서, 매뉴얼, 강의용 문서, 카드뉴스, 홍보지, 유튜브 썸네일 이미지, 명함, 영상 등 PPT로 표현할 수 있는 것들은 생각보다 다양해요.

PPT를 더 높은 완성도와 다양한 목적으로 활용하는데 관심이 있으시면? 본인이 필요한만큼 교육 받기 전 PPT를 만들어 오신 뒤, 최소 2시간 기준으로 진행되는 보완 교육을 받으시면 부족한 부분이 잘 메꾸어지는 기대 효과를 얻으실 수 있습니다.

새롭게 배우시는 내용이 많다 느끼실 수도 있기에, 교육 때 되도록 잘 집중하실 수 있는 컨디션으로 함께 하시는 게 좋습니다.

3. 이용 후기

"이용자가 만족했음을 인터넷 안에서 보여 주어야 보다 수월하게 거래가 발생한다."

스마트폰이 대중화되면서 달라진 것이 있다. '검색 후 검증할 수 있는 상품'에 사람들의 관심이 높아지고 이용도 훨씬 많다는 것이다. 기존 이용자들이 남긴 후기가 중요한데, 그렇기 때문에 지식 비즈니스 기업가는 자신의 일과 상품의 품질이 탁월해야 한다. 탁월한 품질과 친절한 태도로, 이용자가 부담을 느끼지 않을 정도의 비용으로 지식 서비스를 제공해야 고객들이 긍정 후기를 남기게 된다. 그리고 이런 후기를 잘 이용하면 기업가는 더 오래, 더 많은 매출을 만들 수 있으며, 더 많은 사람들과의 거래가 가능해진다.

❝

초급자 ~ 중급자를 아우르는 유용한 설명

피피티를 오늘 처음 깔아 본 초급자부터 피피티를 다룰 줄은 알지만, 피피티를 만드는 데 많은 시간이 소요되는 중급자에 이르기까지 넓은 범위의 교육 대상층을 가진 강의라는 생각이 들었어요.

● 초급자 : 기초부터 핵심적인 스킬까지 3시간 만에 빠른 습득이 가능
● 중급자 : 비효율적인 피피티 사용법으로부터 탈피, 실전에 통하는 피피티 제작

❝
1. 강의의 확실한 장점
❞

이 강의는 UDEMY에서 약 3시간 만에 듣고 바로 써먹을 수 있다는 장점이 있습니다.
내용에 주저리 주저리 같은 군더더기가 없으며, 추상적이고 써먹기 어려운 이론은 거의 없습니다.
약 30분 만에 이론은 끝나고 나머지는 실제 사례와 실습으로만 구성되어 있습니다.
강사의 노하우가 담긴 PDF 파일, 실습 파일, 실제 사례 파일도 제공해 줍니다.

그러나, 이젠 그렇지 않아요.
💡 PPT의 무엇을 어려워해서 만들기를 회피하고 주저했었는지
💡 무엇을 보완해야 하는지, 어떤 것을 기억하면 잘 만들 수 있는지
💡 PPT 제작에 있어 어느 도구를 사용하는 것이 내용을 더 돋보이게 해주는지
와 관련된 이론과 이것에 기반을 둔 실습수업을 통해 완전히 변화되었습니다.
이 강의의 가장 큰 **장점**이라 생각했던 부분이 **강사님이 PPT를 어려워하는 수강생들의 마음과 생각을 모두 이해한 것을 바탕으로 수업을 진행하신다**는 사실입니다!

파워포인트를 다루는 법을 알려주는 영상에서는 하나하나 세심하게 코칭을 해주시고 또한 온라인 강의라 여러번 반복해서 들을 수 있으니 특히 더 좋았습니다.

저같은 경우는 듀얼 모니터를 통해 한쪽에는 강의 영상을 틀어놓고, 다른 화면으로는 직접 배우는 내용을 따라하니 너무 편리했던 것 같아요.

이용자에게 긍정 후기를 받는 구체적인 방법은 뒤에서 더 자세히 다루겠다.

4. 전문 칼럼

지금껏 사업가로서 수많은 거래를 해왔지만, 모든 상황이 동일했던 적은 단 한 번도 없다. 똑같은 비즈니스 문서 만들기 교육을 받아도 각자가 만들고 싶은 문서와 현재의 파워포인트 활용 능력은 모두가 다르다. 이때, 칼럼을 작성하면 고객의 만족도를 높이고 서비스 제공자로서의 전문성을 어필하는 데 도움이 된다.

• 제공 상품과 관련해 고객에게 더 큰 도움을 주기 위해
'파워포인트로 홍보지 만드는 방법'에 대한 칼럼 작성 예시 •

홍보지를 만드는데 있어 모든 분들은 3가지의 어려움이 있는데요.

1. 관심을 가져야할 대상이 어떻게 관심을 갖게 할까?

2. 어떻게 생각한 것을 보기 좋고도 쉽게 이해되게 표현할까?

3. 그 관심을 어떻게 실제 참여로까지 이어지게 할까?

저도 이 3가지에 많은 생각을 하는데요. 그래서 이에 대한 해결책으로 2가지 함께 알면 좋은 것을 나누어 볼게요.

하나.
홍보지를 구성하는데는 다양한 컨셉이 있다!

이번에 제 교육 서비스를 알리는데 있어 다양한 컨셉으로 홍보지를 만들어 보았습니다. 함께 예시를 보면요.

1. 가장 관심이 많은 소재로 이용을 하면 도움 됨을 강조.

그런데 이때 홍보지를 더 쉽게 만들며 효과를 높이기 위해서는 한가지만 함께 더 기억을 해주세요!

> 66
> **홍보지와 블로그 게시물을 조합해 활용해요!**
> 99

홍보지에 내용을 다 담으려고 하면, 사람들이 보았을 때 많은 경우 보고 싶지 않은 문서가 되요.

안내해야 하는 내용이 너무 많은데 홍보지의 경우 보통 'A4 사이즈 크기'로 만들고, 이때 내용을 담을 공간이 적기 때문인데요.

셋, 사람들이 자주 검색하는 단어와 화제성 있는 소재

나는 사람들이 검색에 자주 이용하는 단어를 홍보 게시물에 자주 활용한다. 이렇게 사람들이 자주 검색하고 이용하는 단어와 연관시켜 게시물을 만들면 자연히 더 많은 사람의 관심을 받게 되고, 이용도 늘어난다.

〈사람들이 많은 관심을 가지는 주제로 하는 홍보 예시〉

파워포인트로 비즈니스 문서를 만들 때, 사람들은 무료로 다운받을 수 있는 템플릿을 이용하는 경향이 있다. 그래서 'ppt 템플릿'이라는 단어와 연관된 검색이 많다.

1. 네이버의 자주 사용하는 단어 확인

검색 사이트 네이버에서 단어의 일부를 입력하면 사람들이 검색할 때 자주 사용하는 단어를 알 수 있다.

2. 카카오톡의 '카똑똑' 서비스를 통해 모바일 검색량 확인

단어	무료 PPT 템플릿	PPT 템플릿	깔끔한 PPT 템플릿
'카똑똑' 에서 확인한 모습			
모바일 검색량	6,660	3,400	1,070

3. 게시물 작성에 활용

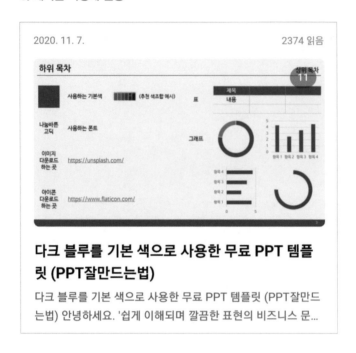

해당 단어와 연관해 블로그 게시물을 작성

110

그럼 이렇게 3가지 기준을 적용한 뒤에 만든 PPT 템플릿을 보여드리며 더 설명을 이어나가 볼게요.

모든 비즈니스 문서는 기본적으로 '표지 > 목차 > 내용 > 마무리 페이지' 로 구성이 되기에 이 유형들로 만들은 표현 파일로 설명을 드립니다.

하나. 표지

가장 보았을 때 있어보이고 쉽게 표지를 만들고 싶으면?
저작권에 문제가 없고 표현력이 좋으며 무료인 이미지를 다운로드 하여 사용하면 되요.

셋. 내용

기획자, 교육자, 제작자, 사업가로 활동하며 파워포인트로 비즈니스 문서를 만들 때 가장 중요하게 생각하는 것은?

· 좋은 내용을 담아.
· 쉽게 이해되게 표현하는데.
· 가급적 사람들이 보았을 때 보기도 좋게 꾸미는 거에요.
(되도록이면 적은 시간을 들이는 것이 보이지 않지만 포함이 되어 있구요.)

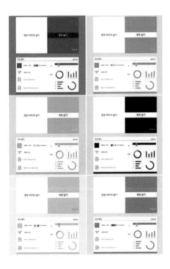

* 다크 블루를 기본 색으로 사용한 무료 PPT 템플릿

📁 다크 블루_문서작성 롬.pptx ⬇

📁 사용한 폰트.zip ⬇

- 다른 색을 사용한 무료 PPT 템플릿 다운받기.

코럴 칼라. 문서작성 롬
코럴 칼라. 문서작성 롬 (다운로드 하실 때는 서로 고마움…
cafe.naver.com

화제성 있는 소재와 연관지어 게시물을 만들어도 사람들의 관심과 참여가 자연스레 높아진다.

4. 게시물 사례 ①

강사로서 가져야 할 교육의 태도와 아이돌 가수의 공통점을 들어 설명한다. 많은 사람들의 관심과 사랑을 받고 있는 가수를 이야기 소재로 활용하여 읽는 이가 흥미를 가질 수 있고 이해하기 쉽도록 하였다.

· 구성한 내용 예시 ·

"항상 아이돌 가수가 무대에 선다는 마음으로 준비하고 강의를 해요."

운영 중인 교육 서비스로 '그룹 강의' 를 할 때 저는 항상 위와 같은 마음을 가집니다.

누가 보면 과장이라고 생각할 수도 있지만 정말 좋아하고 잘하는 일을 오랫동안 하고 싶은 저는

'아이돌 가수가 무대를 준비하는 것과 같은 마음으로'

주어지는 소중한 기회에 언제나 최선을 다하고 싶습니다.

생각을 해보면 강사로서 가지는 교육의 태도와 아이돌 가수가 무대에 서기 전 준비하는 모습에는 공통점이 있습니다.

오늘은 이와 관련해 생각을 나누어 보겠습니다.

아이돌 가수는?

하나.
'패션에도 자기만의 컨셉' 이 있습니다.

> 아이돌 가수가 각각의 무대에 맞춰 어울리는 옷을 입는 것처럼, 강의할 때 보여지는 저의 모습에는 문서 만드는 강의할 때 제안 드리는 표현의 컨셉인 '깔끔함' 이 언제나 느껴질 수 있도록 신경을 씁니다.

둘.
무대에 서기 전 '우선 잘 공연할 내용을 만듭니다.'

> 아이돌 가수는 무대에 서기 전 '부를 노래와 안무를 준비' 합니다. 그리고 충분히 연습한 가수만이 어떤 무대에 서든지 떨지 않고 즐기며 공연을 할 수 있습니다.

셋.
무대에 서기 전 '준비한 내용에 맞춰 리허설' 을 합니다.

> 미리 준비를 하였다고 모든 공연에서 다 잘할 수 있는 것은 아닙니다. 모든 공연장소와 그 공연을 보는 관객은 공연마다 계각이 다르기 때문입니다.

각각의 공연장소와 관객에 맞춰 더 세밀히 필요한 것을 준비한 가수만이 무대에서도 생각지 못한 실수를 최대한 하지 않으며 보여주고 싶은 무대를 관객에게 그대로 보여줍니다.

넷.
준비한 공연을 관객에게 선보이며 '그들과 호흡하며 무대를 즐깁니다'.

많은 사람들의 관심과 주목을 받는 무대에 선다는 것은 사실 굉장히 가슴 떨리는 일입니다.

저도 그룹강의로 사람들과 만나기 전 언제나 긴장된 마음을 갖습니다. 그 긴장된 마음을 이겨낼 수 있는 것은 언제나 하나밖에 없는데요.

> 충분히 준비를 하였다면 함께하는 분들과 하나되어 잘 교육을 해드릴 수 있다.

그룹강의 전에 준비하는 마지막으로 저는 교육 전에는 최대한 먹는 것을 자제합니다.

강사로서 계속 말을 하며 배우는 분들을 리드하며 교육을 해야 하는데, 배가 부른 상태에서는 말하는데 있어 불편함이 있기 때문입니다.

그리고 강의를 시작하면 최대한 배우는 분들 모두가 높은 만족도를 느끼실 수 있도록

• 준비한 교육에는 최선을.
• 물으시는 질문에는 잘 안내를.
• 배우는데 어려움을 느끼시는 부분에는 좀 더 세심히 교육을 진행합니다.

5. 게시물 사례 ②

방송 출연자가 파워포인트를 사용해 프레젠테이션하는 모습을 보며 보완점 설명하였다. 많은 사람의 관심과 사랑을 받고 있는 방송을 이야기 소재로 활용하면 좋다.

가성비
- 국물을 추가로 제공하자
- 컵밥 내용물을 보완하자

서로간 소통 돕는 PPT 활용한 프레젠테이션.
회기동 벽화골목 컵밥집

서로간 소통 돕는 프레젠테이션. 회기동 벽화골목
컵밥집 파워포인트 강사로 활동하며 항상 교육 받으시는 분들...

· 구성한 내용 예시 ·

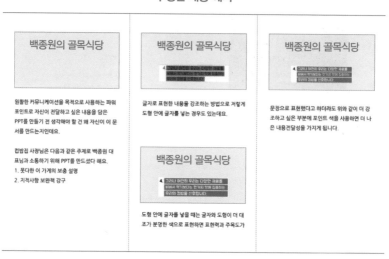

백종원의 골목식당

원활한 커뮤니케이션을 목적으로 사용하는 파워
포인트로 자신이 전달하고 싶은 내용을 담은
PPT를 만들기 전 생각해야 할 건 왜 자신이 이 문
서를 만드는지인데요.

컵밥집 사장님은 다음과 같은 주제로 백종원 대
표님과 소통하기 위해 PPT를 만드셨다 해요.
1. 못다한 이 가게의 보충 설명
2. 지적사항 보완책 강구

백종원의 골목식당

글자로 표현한 내용을 강조하는 방법으로 저렇게
도형 안에 글자를 넣는 경우도 있는데요.

백종원의 골목식당

도형 안에 글자를 넣을 때는 글자와 도형이 더 대
조가 분명한 색으로 표현하면 표현력과 주목도가

백종원의 골목식당

문장으로 표현했다고 하더라도 위와 같이 더 강
조하고 싶은 부분에 포인트 색을 사용하면 더 나
은 내용전달성을 가지게 됩니다.

* 실제 게시물에는 출처를 밝히고 내용에 맞는 사진을 찾아 넣어서 만들도록 합니다.

넷, 주위 사람에게 도움 준 사례

| 교육 초기, 직장인들을
대상으로 진행한
문서 만들기 교육 현장 | 한 업체와 협업하여
그룹 강의를 준비하여
진행한 교육한 모습 | 대학에서 주최한 행사에
초대되어 특강을 한 모습 |

지식 비즈니스에서 자기만의 시장을 만들어가는 데 있어 나 역시 많은 어려움이 있었다. 누구나 그렇듯 자기가 좋아하는 일로 돈을 벌며 오랫동안 활동하기를 바란다면, 이를 뒷받침할 전문성과 이력이 필요하다. 하지만 처음부터 탁월한 전문성을 가지긴 어렵다. '남들이 보았을 때 눈길이 가는' 이력도 마찬가지다.

처음에는 대부분의 지식 비즈니스 기업가가 세상이 요구하는 것에 비해 경쟁력이 부족하다. 여러 모로 미숙한데 해야 할 일은 많고, 아는 것은 적은데 알고 있다는 전제로 문제없이 해내야 할 일은 많다. 나 역시 이와 동일한 상황에 처해 기업가로 일하던 중 든 생각이 있다.

"지식 비즈니스 경쟁력은 스스로의 노력과 힘만으로 생겨나는 것이 아니다."

나는 출판사, 인터넷 강의 업체, 특허출원 지원 회사 등의 거래처와 도서 출간, 인터넷 강의 오픈, 특허 출원 등을 주제로 협업을 한다. 이 외에도 계속해서 새로운 사람을 만나면서 "서로 좋은 인연을 맺고 이어가는 분들에 대해 내 블로그에 긍정적인 게시물을 만들어서 도움을 드리자."는 생각이 들었다. 그래서 나는 내 일과 직접적으로 관련이 있지 않더라도 필요하다 생각할 때면 블로그에 그런 게시물을 올린다. 이를 통해 함께하는 분들과 더 깊은 신뢰가 생겨나는 것은 물론이고 내 블로그 또한 더 활성화되기도 한다.

• 함께하는 분들께 도움을 드리기 위해 만든 게시물 •

블로그에 게시물을 만드는 방법[스마트폰 활용]

처음 블로그 이용 시 세팅하는 방법

〈순서 1〉

❶ 구글 플레이 스토어나 앱 스토어에서

'네이버 블로그'를 검색한다.

❷ '설치' 버튼을 터치해 앱을 설치한다.

〈순서 2〉

❶ 첫 화면 구성을 보완하기 위해 '홈편집'을 터치한다.

❷ 배경 이미지를 바꾸기 위해 '이미지 변경'을 선택한 후, 본인이 원하는 이미지로 바꾼다.*

❸ '블로그 이름'을 입력한다.(나의 경우 방문자에게 더 명확히 나의 서비스를 알리기 위해, 운영 중인 서비스 이름을 사용한다.)

❹ '프로필 사진'을 등록한다.

❺ '블로그 운영자 이름'을 입력한다. (나의 경우 나의 사업체 이름인 '라파엘Rafael'을 사용한다.)

* 배경 이미지로 쓰기 좋은 사진을 다운로드 할 수 있는 곳 : unsplash.com– unsplash.com에 접속해 영어 단어로 자신이 찾고 싶은 이미지를 검색한다. (예: powerpoint)

〈순서 3〉

❶ 빈 부분을 터치해 간략히 '사업체나 판매하는 상품 소개'를 입력한다.

❷ '적용'을 터치한다.

〈순서 4〉 첫 화면에서 대표글과 인기글이 보이게 하기

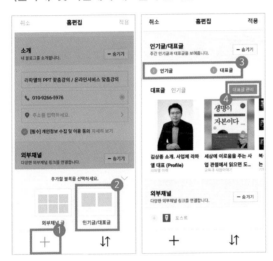

❶ '+' 버튼을 터치한다.

❷ '인기글 / 대표글' 버튼을 터치한다.

❸ 예시와 같이 '대표글'이 1번, '인기글'이 2번으로 보이게 설정한다.

❹ '대표글 관리' 버튼을 터치한다.

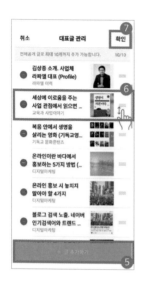

❺ 터치하여 '사람들에게 보여주고 싶은 대표 게시물을 지정'한다.

❻ 표시한 부분을 위아래로 움직여 '대표 게시물의 보이는 순서를 조정'한다.

❼ '확인' 버튼을 눌러 반영한다

〈순서 5〉

❶ 첫 화면에서 게시물이 보이는 방식으로 '카드형' 을 선택한다.

(사람들이 보았을 때 가장 보기 편한 방식이다.)

❷ '적용' 버튼을 눌러 반영한다.

〈순서 6〉

❶ 게시물 올리기 설정을 위해 앞의 예시가 있는 곳을

터치한다.

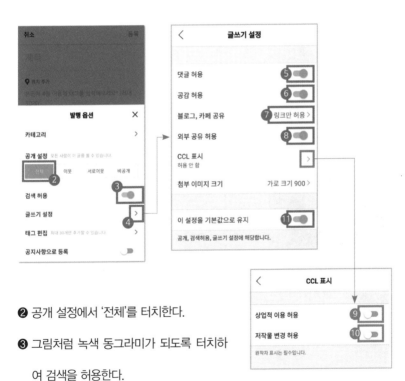

❷ 공개 설정에서 '전체'를 터치한다.

❸ 그림처럼 녹색 동그라미가 되도록 터치하

여 검색을 허용한다.

❹ 터치하여 글쓰기를 설정한다.

❺ 그림처럼 녹색 동그라미가 되도록 터치하여 댓글 기능을 허용한다.

❻ 그림처럼 녹색 동그라미가 되도록 터치하여 공감 기능을 허용한다.

❼ 블로그, 카페 공유에서 '링크만 허용'을 선택한다.

❽ 그림처럼 녹색 동그라미가 되도록 터치하여 외부 공유 기능을 허용한다.

❾ CCL 표시에서 화살표를 터치해 그림의 모양처럼 체크해서 '상업적 이용 허용'

을 제한한다.

❿ CCL 표시에서 그림의 모양처럼 체크해서 '저작물 변경 허용'을 제한한다.

⓫ 그림처럼 녹색 동그라미가 되도록 터치하여 '이 설정을 기본값으로 유지'한다.

〈순서 7〉 메뉴(카테고리) 만들기

❶ 메뉴를 만들기 위해 네이버 블로그 첫 화면에서 '전체글'을 터치한다.

❷ 예시와 같이 오른쪽 상단의 톱니바퀴를 터치하여 메뉴 만들기를 시작한다.

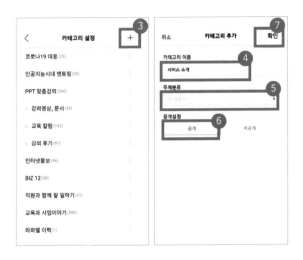

❸ 오른쪽 상단의 + 버튼을 터치하여 메뉴 추가를 시작한다.

❹ '메뉴 이름'을 정해 입력한다.

❺ '주제를 선택'한다. (예: IT · 컴퓨터)

❻ 공개설정에서 '공개'를 선택한다.

❼ '확인'을 터치해 메뉴를 추가한다.

❽ 왼쪽 상단의 〈 를 터치해 메뉴 추가를 마무리

한다.

블로그를 만들 때 메뉴를 잘 활용해야 하는 이유

다시 방문해서 더 보고 싶은 블로그의 공통점은 메뉴가 잘 정리되어서 필요한 게시물을 잘 찾을 수 있게 되어 있다. 그렇기 때문에 '메뉴를 만들어 게시물을 잘 분류'하는 것이 중요하다.

1. 게시물의 성격에 맞게 분류한다.

김상종 소개. 사업체 라파엘 대표 (Profile)
김상종. 사업체 라파엘 대표 (교육자 및 사업가) · 비즈니스 문서 전문가 · '온택트 파워포인트 속성과외' 저자 · 한국 외대...

사업가로 살며 돈을 벌고 쓰며, 빌리고 갚으며 하는 상황 가운데 가지는 생각 (신용점수,...
사업가로 살며 돈을 벌고 쓰며, 빌리고 갚으며 하는 상황 가운데 가지는 생각 (신용점수, 개인사업자대출) 안녕하세요.....

메뉴 1개와 게시물 1개만
만들어 사용한다.

우선 메뉴 1개에서
게시물을 만들어 쌓아간다.
↓
게시물에 따라 적절히
주제를 분류해 나눈다.

2. PC에서 제공하는 기능을 적절히 활용하면 더 완성도 높은 블로그가 된다.

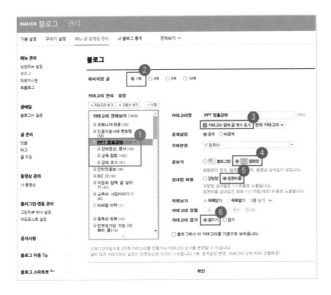

❶ 필요 시 마우스를 움직여 '상위, 하위'로 메뉴를 그룹 짓는다.

❷ 페이지당 볼 수 있는 글 수는 '1개'로 한다.

❸ '카테고리 옆에 글 개수 표시'에 글 개수가 보이도록 체크한다.

❹ 글보기에서 '앨범형'을 선택한다.

❺ 썸네일 비율은 '원본비율'을 선택한다.

❻ 카테고리 접기는 '펼치기'를 선택한다.

블로그에 게시물 만드는 방법(스마트폰)

1. 게시물 만들기

• 게시물을 만들기 위해   버튼을 터치한다.

2. 제목 입력하기

• 빈 곳을 터치해 제목을 입력한다.

1. 제목 넣는 방법

사람들이 관심 가질 만한 내용과 검색 시 자주 이용하는 단어를 조합한다.

사람들이 관심 가질 만한 내용 : 관심은 홍보지로, 참여는 블로그 게시물로!	검색에 자주 이용하는 단어 조합 : PPT 만들기, SNS 마케팅

• '카똑똑' 으로 확인한, 해당 단어 검색 수치

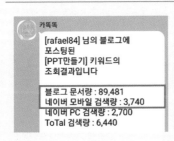

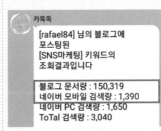

2. 제목을 넣어 게시물 작성 시 유의점

게시물을 작성한 뒤에는 가능한 한 제목을 수정하지 않는다.

(제목을 자주 수정하면 상위 노출에 방해가 된다.)

3. 내용 넣기 ① - 글

• 빈 곳을 터치해 내용을 입력한다.

❶ 강조하고 싶은 내용이 있을 때는 넣고 싶은 부분을 터치한다.

❷ 2번의 버튼을 터치한다.

❸ '인용구' 버튼을 터치한다.

❹ 강조하고 싶은 내용을 입력한다.

4. 내용 넣기 ② - 사진

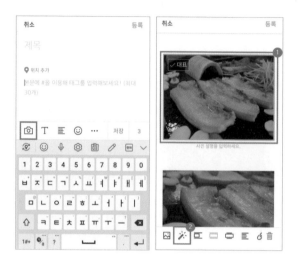

- ⓞ 버튼을 터치해 사진을 삽입한다.

❶ 보정하고 싶은 이미지를 터치한다.

❷ ⚡버튼을 터치한다.

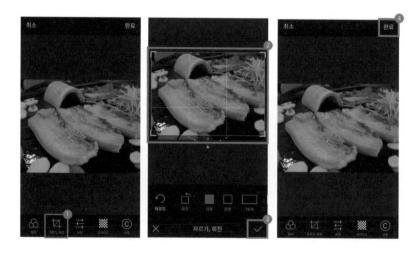

❶ 이미지를 자르려면 '자르기, 회전' 버튼을 터치한다.

❷ 손가락으로 화면을 조절해 이미지의 자를 부분을 지정한다.

❸ V부분을 터치하면 이미지가 잘린다.

❹ '완료' 버튼을 터치해 자른 이미지를 저장한다.

❶ 이미지를 보정하려면 '보정' 버튼을 터치한다.

❷ '자동 레벨'을 눌러 이미지를 보정한다.

❸ '완료' 버튼을 터치해 보정한 이미지를 저장한다.

5. 내용 넣기 ③ - 인터넷 주소가 있는 게시물

유튜브 영상, 보도 기사, 홈페이지, 쇼핑몰, 유튜브 채널 주소 등은
동일한 방식을 사용해 내용을 넣을 수 있다.

❶ 유튜브 영상에서 '공유' 버튼을 터치한다.

❷ 링크 복사'를 터치한다.

❸ 내용 입력을 하기 위해 빈 곳을 터치한다.

❹ 그림의 4번 버튼을 터치한다.

❺ '링크' 버튼을 터치한다.

❻ 복사한 인터넷주소가 자동으로 입력된다.

❼ '확인'을 눌러 영상을 삽입한다.

❽ 삽입한 유튜브 영상을 확인한다.

6. 내용 넣기 ④ - 장소 삽입(방법 1)

❶ 내용을 입력하기 위해 빈 곳을 터치한다.

❷ 예시의 2번 버튼을 터치한다.

❸ '장소' 버튼을 터치한다.

❹ 첨부하고 싶은 장소를 입력해 찾는다.

❺ 검색된 장소를 선택한다.

❻ '완료' 버튼을 터치해 장소를 첨부한다.

❼ 첨부한 장소를 확인한다.

134

7. 내용 넣기 ⑤ - 장소 삽입(방법 2)

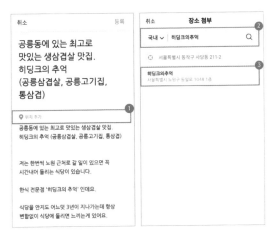

❶ '위치 추가'를 터치한다.

❷ 첨부하고 싶은 장소를 입력해 검색한다.

❸ 검색한 장소를 선택한다.

❹ 첨부한 장소를 확인한다.

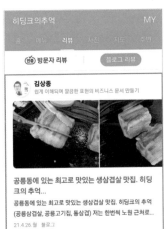

리뷰 영역에 노출되어 더 많은 거래가 일어난 사례

8. 내용 넣기 ⑥ - 글감 삽입

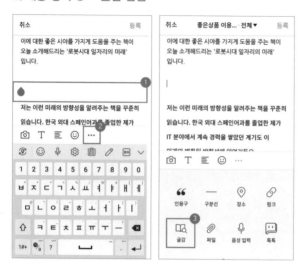

❶ 내용을 입력하기 위해 빈 곳을 터치한다.

❷ 그림의 2번 버튼을 터치한다.

❸ '글감' 버튼을 터치한다.

❹ '책'을 터치한다.

❺ 첨부하고 싶은 책 이름을 검색한다.

❻ 검색된 책 중 첨부하고 싶은 책을 선택한다.

❼ 첨부된 책을 확인한다.

리뷰 영역에 노출되어 더 많은 거래가 일어난 사례

9. 태그 넣기

게시물을 만들 때 태그 넣는 방법 : #와 함께 단어를 조합해 입력한다.

태그를 입력해 게시물을 만들어야 하는 이유는 게시물을 만들 때 해시태그(#)와 단어를 조합해 작성하면 이용자가 검색 서비스에서 원하는 게시물을 찾기 위해 검색할 때 자신이 만든 게시물이 먼저 보일 가능성이 높아진다.

태그로 활용하는 단어는 자신이 알리고 싶은 단어나 사람들이 검색에 자주 사용하는 단어를 #다음에 적는다. 띄어쓰기를 하면 다른 단어가 되니 주의한다.

1. 자신이 알리고 싶은 단어 #온택트파워포인트속성과외

2. 사람들이 검색할 때 자주 사용하는 단어

　#PPT만들기　#디지털마케팅 #네이버블로그교육

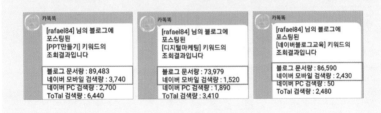

⟨탁월한 포스팅 참고 사례⟩

블로거 '백향목'의 경우 술술 읽히는 구성으로 많은 사랑을 받고 있다.
https://blog.naver.com/super3426

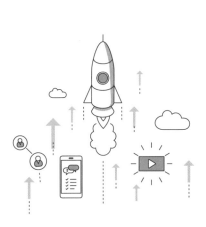

III.

스퀘어 홍보의 강화
- 키워드 광고, 홍보지

이것만으로도 매출이 오르는 인터넷 홍보

🎯 키워드 광고

일반적으로는 검색 결과 첫 페이지에 홍보 게시물이 보여야 더 많은 거래가 생긴다.

'상위 노출'은 인터넷 홍보에 조금만 관심이 있다면 바로 접하게 되는 단어이다. 상위 노출과 인터넷 홍보의 관련성은 명확하다.

'사람들이 검색 시 자주 이용하는 단어'가 상위 노출 관련 대상이 된다(ex: 강남 맛집). 어떤 단어를 검색했을 때 첫 페이지에서 해당 게시물이 검색되면 새로운 거래 발생에 유리하다.

단어	강남 맛집
모바일 검색량	128,200

　어떤 단어를 검색했을 때 쉽게 눈에 띄는 위치에서 게시물이 보인다면 새로운 거래가 생기는 데 도움이 된다.

　그래서 이 상위 노출을 보장하며 홍보를 제안하는 업체가 많다. 그러나 잘못하면 돈은 돈대로 쓰고 성과는 얻지 못하기도 한다. 약속한 상위노출이 제대로 되지 않는 경우도 많지만, 상위노출이 된다고 해도 그것만으로 곧바로 더 많은 거래가 일어나지는 않기 때문이다.

　인터넷 홍보에서 상위 노출을 위해 공통적으로 다음과 같은 3가지 과정을 밟게 된다.

| 제공하는 상품 관련하여 사람들이 자주 사용하는 검색어를 알고 있다 | 내 상품의 매력을 쉽게 알 수 있도록 내용이 잘 정리되어 있다 | 사람들이 자주 사용하는 검색어와 내가 제공하는 상품의 매력이 드러나도록 내용을 잘 조합해 홍보 게시물을 만들었다. |

　블로그를 처음 시작했을 때는 검색 결과에서 사람들 눈에 띄는 위치에서 게시물이 안 보인다. 게시물을 꾸준히 올리고 방문자가 많은 블로그 게시물이 주로 눈에 더 쉽게 띈다. '키워드 광고'는 이런 한계점을 보완하기 위해 활용하기 좋은 홍보의 보조 도구다. '키워드 광고'는 검색 사이트에서 검색어를 입력하면 검색 결과가 나오는 화면에 관련 업체의 광고가 노출되도록 하는 광고 기법이다.

· 'PPT 만들기'를 검색했을 때 나타나는 화면 ·

단어	모바일 검색량
PPT 만들기	3,900

검색했을 때 게시물이 블로그의 View 영역이 아니라 '파워링크' 영역(키워드 광고 영역)에 나타나는 것도 홍보에 도움이 된다.

블로그에 사람들의 마음을 끌 만한 홍보 게시물이 많을수록 함께 활용했을 때 키워드 광고의 효과가 좋다. 하지만 키워드 광고는 유료 서비스이다. 예를 들어, 사람들이 검색에 자주 이용하는 단어일 때, 검색 결과 첫 페이지의 눈에 띄는 위치에서 노출시키면 이용자가 한 번 클릭할 때마다 보통 1,000원이 넘는 광고비가 들어간다.

그래서 소기업일수록 키워드 광고를 이용할 때 주의해야 한다. 1회 클릭에 1,000원은 대부분 1인 기업인 지식 비즈니스 기업이 마음 놓고 쓸 수 있는 금액은 아니기 때문이다. 마음먹고 광고를 했는데 성과가 없다면 소기업 입장에서는 힘들어질 수밖에 없다. 그래서 키워드 광고를 할 거라면 제대로 알고 활용해 '저비용 고효율'이 되도록 해야 한다.

우선 키워드 광고에 사용하는 단어들은 아래의 3가지 기준에 적합한 단어들이 활용의 대상이 된다.

기준 1	자신이 하는 일과의 직접적인 연관성	사람들이 자주 검색을 한다 하더라도 그 단어가 자신이 제공하는 상품과 관련성이 적으면 홍보에 도움이 되지 않는다.
기준 2	사람들의 검색 횟수가 많음	검색 서비스에서 실제 검색 횟수가 많은 단어를 사용해야 키워드 광고의 효과가 커진다.

기준 3	광고를 통해 자신이 알리고 싶은 단어	예를 들어 자신이 만든 상품의 이름은 사람들이 검색하는 횟수는 적더라도 꼭 함께 알려야 하는 단어이다.

네이버 키워드 광고(파워링크) 활용 예시(PC)

〈순서 1〉 '광고 소재' 등록하기

❶ 광고 게시물을 등록하기 위해 앞서 만들었던 경로로 들어간다.

❷ '소재'를 클릭한다.

❸ '새 소재'를 클릭한다.

〈순서 2〉

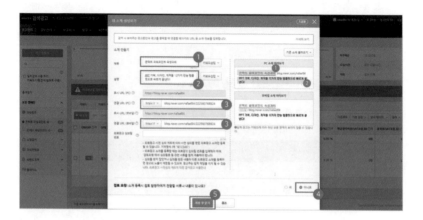

❶ 15글자 이하로 광고 제목을 입력한다.

❷ 사람들이 매력을 느낄 만한 상품 홍보 내용을 45글자 이하로 입력한다.

❸ 클릭 시 연결할 게시물 주소를 입력한다.

　(나의 경우 https://blog.naver.com/rafael84/222560768824)

❹ 검토 요청에 '아니오'를 선택한다.

❺ '저장 후 닫기'를 클릭한다.

〈순서 3〉 광고 소재로 함께 보여줄 이미지 등록하기

❶ '확장 소재'를 클릭한다.

❷ '새 확장 소재'를 클릭한다.

❸ '파워링크 이미지'를 클릭한다.

❹ 이미지 삽입을 위해 그림의 **+**를 클릭한다.

❺ '광고 게시물에서 함께 보여줄 이미지'를 찾아 선택한다.

❻ '이미지를 보여줄 부분과 크기'를 지정한다.

❼ '저장 후 닫기'를 클릭한다.

광고비를 충전하는 방법(신용/체크카드)

❶ '충전하기'를 클릭한다.

❷ 충전 수단에서 '신용/체크카드'를 선택한다.

❸ '충전하기'를 클릭한다.

　실제 키워드 광고를 활용하여 홍보할 때, 나의 경우 키워드 광고의 역할을 블로그에 작성한 홍보 게시물을 더 잘 노출되게 하는 보조 수단으로 한정한다. 광고비가 비싼 키워드 광고에 홍보를 의존하면 거래가 일어나도 홍보비가 운영에 부담을 주기 때문이다. 그래서 광고비가 비싼 단어의 경우에는 사용을 제한하며, 다음에 이야기할 '키워드 광고와 홍보지를 조합해 활용하는 방식' 등을 통해 광고비 부담을 줄이면서 홍보 효과를 키우는 방식을 이용한다. 이와 관련해서는 다음의 내용을 통해 더 알아보자.

홍보지 만들기

홍보지는 홍보할 때 빠질 수 없는 홍보 도구이다.

홍보지는 내용을 잘 구성하고, 직접 인쇄해 사용한다는 특징이 있다. 사람들이 자신을 알리기 위해 만드는 명함도 내용을 구성해 인쇄해 사용한다는 점에서는 홍보지의 일종이다. 나는 지식 비즈니스 기업가로 활동하면서 명함을 열 번도 넘게 바꿨다. 우선, 명함은 직접 디자인하고 인쇄하면 큰 비용이 들지 않기도 하고, 지식 비즈니스로 자기만의 시장을 만들어가려면 많은 변화에 대응하면서 계속해서 발전해 가야만 하기 때문이다.

· 내가 만들어 사용 중인 명함 ·

명함 외에도 홍보지, 팸플릿, 브로슈어, 포스터 등을 홍보를 위해 인쇄하여 사용한다. 나는 그중 팸플릿이나 브로슈어, 포스터보다는

A4 사이즈로 만든 홍보지를 자주 사용한다. 이런 홍보지는 미팅 자리에서 빛을 발한다. 특히 미팅 시간이 확 줄어든다는 장점이 있다. 잘 만든 홍보지는 전하려는 말을 이해시키는 데 큰 도움이 되기 때문이다. 그러니 긴 시간을 들여 설명할 필요 없이 홍보지를 함께 보면서 강조할 부분 위주로 말을 덧붙이면 된다. 그렇게 절약한 시간에 상대방의 이야기를 충분히 듣는다면 일은 더 원활하게 진행되고, 성과도 오른다. 이런 면에서 홍보지는 일종의 비서 역할을 하는 셈이다.

하지만 홍보지를 만들 때에도 주의해야 할 점이 있다. 지나치게 많은 내용이 담긴 홍보지나 딱 봐도 소위 '허접'해 보이는 홍보지에는 대부분 눈길을 주지 않기 때문이다. 그러니 홍보지를 만들 때 공간에 여유를 주는 것이 좋다. 홍보지에 담지 못한 내용은 블로그 게시물을 통해 설명하고, 잠재적인 고객을 블로그로 유인하는 것이다.

이렇게 홍보지와 블로그 게시물을 조합해 활용하면 적은 돈으로 큰 홍보 효과를 볼 수 있다.

여기에 키워드 광고까지 조합하면 효과가 극대화된다. 그래서 나는 '홍보지+블로그 게시물+키워드 광고'를 조합해 홍보하는 방법을 적극 추천한다. 그 방법을 함께 알아보자.

'홍보지+블로그 게시물+키워드 광고'를 조합해 홍보하는 방법

1. 판매하는 상품의 장점이 잘 담기도록 홍보지를 만든다

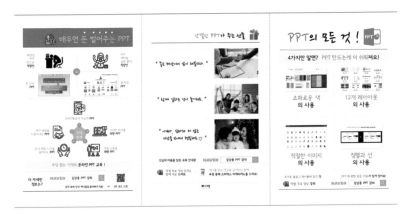

'보고 싶은' 홍보지의 특징	'보기 좋다는 생각이 드는' 홍보지의 특징
1. 눈길을 끄는 문구가 있다. 2. 관심을 끄는 내용이 있다. 3. 이미지를 사용해 내용이 쉽게 이해된다.	1. 색채가 조화롭다. 2. 정렬이 잘돼 있어 균형감이 있다. 3. 중요한 부분은 더 강조해 시선을 끈다.

파워포인트를 이용하면 위에서 언급한 것 같은 홍보지를 만들 수 있다.

2, 홍보지에 담지 못한 내용은 블로그 게시물로 보완한다.

사람들은 빽빽한 내용이 담긴 홍보지는 보지 않는다. 그러니 알리고 싶은 내용인데 홍보지에 담지 못했다면 블로그에 게시물을 만들자.

• 홍보지와 연관된 내용으로 구성한 블로그 게시물의 예 •

우선 강사이자 대표인 저에 대해 먼저 소개를 드리면요.

그럼 가장 쉽고도 간결하게, 부족한 PPT 실력을 보완하는 방법은 무엇일까요?

강사가 알려드리는 4가지 팁만 기억하세요.

1. 색을 조화롭게 사용하자!

출처: 김상종의 PPT 맞춤강의

"구글에서 'Color combination' 을 사용해 좋은 색의 조합을 찾고, '스포이트' 기능을 이용해 색의 표현을 보완하세요!"

꾸준히 직장인분들을 봐어 도움을 드리니, 많은 도움을 받으셨다 생각하시는 분은 아래와 같은 따뜻한 마음도 나누어 **주세요.**

❝
*강사님이 알려주신대로 PPT 만드니,
다들 보기 편하고 이해도 잘 된다 그래
요!*

수강생 ㄴOO님
❞

일터에서 많은 수고를 하고 계신 분들께 도움을 드리고 싶은 진정성을 담아 적은 **안내글로** 마침니다.

우선 못 만든 PPT 는 보통 다음과 같은 특징을 가지고 있어요.

1. 색의 사용이 촌스러우며 지나치게 알록달록합니다.

2. 빽빽한 글로만 담은 내용이 표현되어 있습니다.

지금 나누는 4가지 팁 외에 출간한 도서나 인터넷 강의를 수강하시면 '파워포인트 이용법 안내영상' 과 '쉽게 내용을 표현하시는데 도움이 되는 파일' 을 드려요.

출처: 김상종의 PPT 맞춤강의

- 오픈한 '인터넷 강의'

3. '키워드 광고'를 조합해 홍보 효과는 높이고 광고비는 줄인다.

홍보지와 블로그 게시물 사이에 연관성이 있음을 사람들에게 알리고 실제로 사람들이 보게 하려면 '연결해 줄 단어'가 필요하다. 이때 단어는 사람들이 검색할 때 자주 이용하는 단어는 아니지만 '내 일과 직접적인 관련이 있는 단어'여야 한다. 홍보지를 만들 때 이 단어도 함께 넣는다.

• 사람들이 자주 사용하지 않는 단어를 검색해
블로그 게시물을 보도록 홍보지에 구성한 예 •

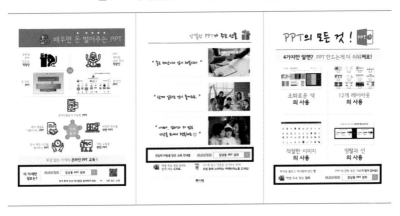

이렇게 블로그 게시물을 만들었다 해도 아직은 사람들이 찾아보기에 불편함이 있다. 이때 '최소 이용 금액'인 70원으로 설정해 '키워드 광고'를 만들어 클릭 시 해당 게시물이 보이도록 하는 것이 효과적이다.

• 사람들이 자주 사용하지 않는 단어와 조합해 키워드광고를 만든 예 •

이렇게 홍보지와 블로그 게시물, 키워드광고를 조합해 홍보하면 길거리에서 사람들에게 홍보지를 배포할 때는 물론이고 이미 만나본 사람들에게 메신저로 홍보지를 보내면서 홍보할 때에도 유용하다. 당연하게도 홍보에는 수고와 비용이 든다. 지금까지 설명한 것은 그 수고와 비용을 줄이는 방식이다. 대부분이 1인 기업인 지식 비즈니스 기업일수록, 특히 사업 초창기에는 불필요한 비용을 쓰지 않으려는 노력이 필요하다. 홍보지+블로그 게시물+키워드 광고 조합을 통해 최소한의 비용으로 최대한의 효과를 누려 보자.

4. 다른 SNS채널(페이스북과 인스타그램) 활용 노하우

상품과 관련한 정보를 '관심은 있지만 알지 못하는 사람들'에게 알

리고 싶다면, 페이스북과 인스타그램 광고를 이용하는 것도 도움이 된다. 보통 2만 원 정도의 광고비로 더 많은 사람을 만나는 데 도움이 된다. 하지만 어떤 광고든 돈만 쓴다고 모두 같은 효과를 보는 것은 아니다. 페이스북과 인스타그램 광고의 효과를 높이고 싶다면, 광고 이후 사람들의 관심과 호응을 확인해야 한다. '좋아요'나 '공유' 또는 '긍정 댓글' 수가 올라간다면, 광고를 계속해도 좋다. 그렇지 않다면 광고를 중단하고 부족한 점을 보완하거나 새로운 광고 게시물을 활용해야 한다. 그래야 비용 낭비를 줄이고 광고 효과는 높일 수 있다.

페이스북과 인스타그램을 활용해 홍보를 할 때 주안점은 '자신이 하는 홍보를 누가 보게 할 것인가?'에 대한 설정과 '홍보에 사용하는 소재에 대한 최적점'을 각자가 홍보하는 상황에 따라 잘 만드는 데 있다

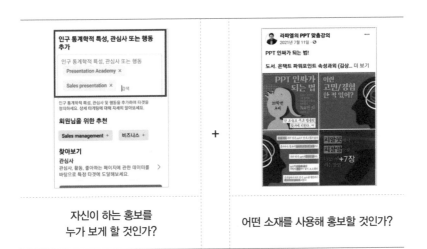

자신이 하는 홍보를
누가 보게 할 것인가?

어떤 소재를 사용해 홍보할 것인가?

페이스북과 인스타그램 유료 광고 이용하는 법

(스마트폰 활용)

1. 페이스북 페이지 만들기

페이스북에 가입해야 페이스북 페이지를 만들 수 있다.

❶ 그림처럼 오른쪽 상단의 버튼을 터치한다.

❷ '페이지'를 터치한다.

❸ '만들기'를 터치한다.

❹ '시작하기'를 터치한다.

❺ 판매할 상품 이름을 입력한다.

❻ '다음'을 터치한다.

❼ '개인 블로그'를 터치한다.

❽ '다음'을 터치한다.

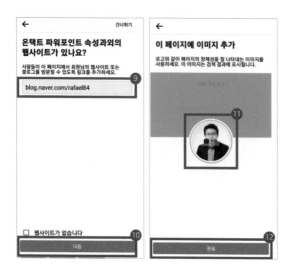

❾ 블로그 주소를 입력한다.

❿ '다음'을 터치한다.

⓫ 프로필 사진을 등록한다.

⓬ '완료'를 터치한다.

⓭ 보완을 원하는 부분이 있다면 '페이지 수정'을 터치한다.

사례를 참고하고 싶다면 내가 운영 중인 페이스북 페이지(facebook. com/pptexpert)를 방문해 보기 바란다, 페이스북 페이지 유료 광고에 서는 내가 만든 홍보물에 관심이 있는 사람이 더 많이 보게 하는 것 이 핵심이다.

2. 더 많은 사람이 게시물을 볼 수 있도록 유료 광고 이용하는 법

❶ 광고할 게시물을 등록한다.

❷ '게시물 홍보하기'를 터치한다.

❸ '참여 늘리기'를 터치한다.

❹ 게시물을 볼 대상을 정하기 위해 타겟에서 '새로 만들기'를 터치한다.

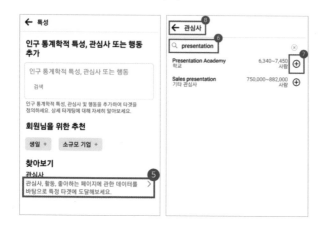

❺ 구체적인 대상을 찾기 위해 '관심사' 아래 문구를 터치한다.

❻ 자신이 하는 일과 관련된 주제의 단어를 입력 후 결과를 확인한다.

❼ 광고에 적절한 대상이라 생각하는 결과를 선택한다.

❽ 선택이 끝났으면 그림의 '관심사'를 다시 터치해 돌아가기를 한다.

❾ 광고에 적절하다고 생각하는 대상으로 설정한 결과 예시

❿ 페이스북에서 추가로 추천하는 대상이 적절하다고 판단되는 경우 선택한다.

⓫ 대상을 다 지정한 후 '저장'을 터치한다.

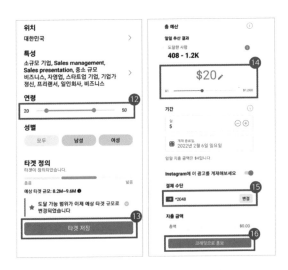

⓬ 광고 게시물을 보여주고 싶은 예상 타겟의 '연령'을 지정한다.

⓭ 설정이 완료되면 '타겟 저장'을 터치한다.

❶ 광고비로 지출할 금액을 설정한다.

❶ 결제 수단을 등록한다.

❶ 설정이 완료되면 '크레딧으로 홍보'를 터치한다.

❶ 등록이 끝난 광고 게시물은 검토를 통해 승인이 되면 사람들에게 보여진다.

　나의 경우 광고를 하는 소재에 따라 그 홍보물을 보기 적당하다 생
각하는 대상을 변경한다. 그리고 다양한 소재와 주제로 만들어 활용
한 후, 사람들의 관심과 참여가 얼마나 있는지를 살핀다.

파워포인트 활용 팁을 알려주는 식으로 콘텐츠를 제작하여 출간 도서를 홍보	신문에 기고한 칼럼을 재활용해 콘텐츠를 제작하여 출간 도서 홍보
21,843명에게 도달하여 게시물을 본 사람 중 41번 해당 게시물이 '공유'됨	4,991명에게 도달하여 게시물을 본 사람 중 103명이 '좋아요'를 누름

이번 장을 학습했다면 이제부터는 페이스북과 인스타그램에서 지인들만 보는 홍보만을 해서는 안 된다. 나의 경우 지식 비즈니스로 돈을 버는 사업가로 자리를 잡기 위해 많은 사회 활동을 하며 사람들

을 만나 인연을 이어가고 있다. 이 책을 읽는 독자 중 일부는 사회적인 관계에 있어 소극적이거나 적은 수의 사람만을 알고 지낼 것이다. 지식 비즈니스를 하겠다고 생각하는 사람은 홍보에 적극적인 태도가 필요하다. 홍보는 꾸준히 새로운 사람을 알아 그들에게 다가가는 행위이다. 그리고 그런 방향으로 홍보를 하는 가운데서 꾸준히 새로운 거래가 가능한 상황이 생긴다. 그러므로 이야기한 내용을 통해 거래를 할 가능성이 있는 사람에게 다가가고 또한 알리자.

이것까지 하면 더 좋은 인터넷 홍보

사람들의 참여를 통한 인터넷 홍보

"모두가 감사함을 가지는 가운데 늘어나는 거래량"

이 책은 인터넷으로 홍보를 하여 꾸준히 새로운 거래를 만드는 데 주안점을 두고 있다. 그러나 새로운 거래가 생겨도 막상 기쁘지 않을 때가 있다. 고객과 서로 존중하는 마음이 없이 거래를 할 때나 거래의 대가가 꾸준히 일을 해 나가는 데 도움이 되지 않는 비용인 경우가 그렇다. 그래서 홍보를 주제로 이야기를 할 때 "무조건 가격을 낮춰라."라는 식의 제안은 하지 않는다.

이 책을 읽는 분 중에는 최대한 빨리 거래가 생기기만을 바라는 분이 있을 수 있겠지만, 홍보를 한 뒤 갖게 되는 거래의 상황에 대해 우선 같이 더 생각을 해 보자. 이번 장 '다른 사람을 활용한 홍보'에서 먼저 이 거래의 상황에 대해 이야기하는 이유는, 그래야 꾸준히 지식 비즈니스 사업가로 더 오래 자신의 일을 할 수 있기 때문이다.

홍보를 하며 서로가 만족하는 거래가 있기 위해서는 우선 갖춰야 할 전제 조건이 있다.

· 서로가 만족하는 거래의 조건 ·

조건 1	조건 2	조건 3
고객이 자발적으로 이용하고 싶은 마음에서 거래가 시작된다.	상품을 제공하는 사람과 이용하는 사람이 서로 존중하며 거래한다.	고객이 거래를 하기 전, 거래를 통해 기대했던 결과가 생긴다.

지식 비즈니스 기업가로 첫걸음을 내딛을 때, 대부분은 경쟁력이 부족하다. 제공하는 상품의 필요성과 경쟁력이 탁월하지 못한 경우, 고객은 자발적으로 거래하고 싶은 마음이 생기지 않는다. 그래서 기껏 홍보를 통해 상품을 알려도 거래가 일어나지 않는 경우가 많다.

이런 상황에서 거래를 빨리 만들어내고 싶은 조급함에 자칫하면 독이 될 수 있는 방안에 집착하게 될 수도 있다. 바로 '최저가로 최대한 빨리 거래를 만들어내는 것'이다.

거래에는 항상 사람들이 평균적으로 지불하는 비용인 '시세'가 있다. 시세보다 가격이 높으면 꼭 그 상품을 이용해야 할 특별한 이유가 있지 않는 한 구매가 잘 일어나지 않는다. 반대로 시세보다 가격이 낮으면 특별한 문제가 없는 이상 그 상품을 이용하고 싶은 마음이 생긴다.

거래에 대한 간절함 때문에 가격을 할인하고 싶은 강력한 유혹이 생길 수 있다. 그러나 자신이 제공하는 상품의 가격이 시세와 비슷한 수준이라면 가격을 할인하기 전에 꼭 이 점을 생각해 봐야 한다.

"앞으로 계속 이 가격으로 거래해도 이 일을 계속할 수 있을까?"

충분히 고민해 본 끝에 '아니다'라는 답이 나온다면, 가격을 할인하는 것은 최선이 아니다. 그러니 지속적으로 일을 하고 싶다면 가격 할인을 하지 않고도 충분한 거래가 일어나게 할 수 있는 대안이 필요하다. 지금부터 나의 경험을 참고하여 그 방법을 함께 알아보자.

세상에는 다양한 거래의 상황이 있다

나는 '비즈니스 문서 작성법' 교육으로 200번이 넘는 거래를 했다 (동일한 고객에게 계속 교육한 것은 1회로 계산했기 때문에 실제 거래는 이보다 많다). 또한 교육 외에도 교육 문서 제작 등의 일을 하며 이 책을 쓰고 있는 현재까지 총 540여 번의 거래를 해왔다.

처음 평균적인 시세를 받은 것은 일대일로 교육한 교육생으로, 나에게 돈을 지불한 대상은 개인이었다. 이후 기업에서 의뢰를 받아 교육하기도 했는데, 이때 나에게 비용을 지불한 대상은 기업이었다. 나아가 정부가 국민들에게 지원하는 교육을 대행하는 기업의 의뢰를 받았을 때, 나에게 돈을 지불한 곳은 정부였다. 정부 지원 교육 때에는 나에게 교육을 받은 분도 '교육 수당' 명목으로 돈을 받았다. 이처럼 비용을 주고받는 거래 상황은 다양하다.

비용을 주고받는 것 외에도 거래에서는 다양한 상황이 따른다.

〈직접 만난 적이 없는데 거래가 생기는 상황〉

"검색을 통해 알게 되어 의뢰를 드렸어요."

"광고 게시물을 보고 관심이 생겨 연락드렸습니다."

"○○님의 적극적인 추천을 받고 문의드립니다."

거래 발생 상황도 이렇게 다양한데, 이를 보면서 깨닫게 된 것이 있다.

"홍보는 꾸준히, 복합적인 방법으로 해야 지속적으로 이어지고 효과도 커진다."

따라서 지식 비즈니스 기업가로 더 오래 활동하고 싶다면, 다음과 같은 홍보 방안에 대한 고민도 필요하다.

• 효율성 및 효과성을 가장 높일 수 있는 방안 •

활용 방안 1	활용 방안 2	활용 방안 3

키워드 광고	블로그 포스팅	글 게시물	인스타그램 광고	스스로가 만든 게시물	댓글에 답글달기
파워 콘텐츠	기사 게시물	페이스북 광고	유튜브 광고		
이미지 게시물	동영상 게시물	GDN (Google Display Network)	틱톡 게시물	독자분이 만든 게시물	댓글달기 공유해 소개하기

다양한 홍보의 방안을 조합해 활용하여 **실제 구매로 이어지게 하기**

직접적인 만남과 인연으로 인터넷 홍보 효과는 더욱 커진다

몇 년간 지식 비즈니스 기업가로 활동하고 있지만, 나는 별도의 사무실이 없다. 필요한 장비는 모두 집에 들여 놔 집을 사무실처럼 이용한다. 사무실 없이 활동함으로써 불필요한 지출을 줄이고, 그렇게

아낀 돈으로 마약(약물) 중독으로 힘들어하는 사람, 부모의 돌봄을 받지 못해 삶이 위기 상황에 있는 청소년과 청년을 도왔다. 또한, 시간을 가장 효율적으로 이용하고 서로가 만족할 수 있도록 가능하면 거래하는 분이 계신 곳이나 원하는 곳으로 찾아가서 일했다. 이 과정에서, 돈을 벌면서도 세상에 선한 영향력을 끼치고 싶은 사람들과의 모임을 해왔고, 그 외에도 다양한 분을 만나 사회 활동을 하고 있다.

온라인의 연결성은 그 힘이 매우 강력하다. 하지만 온라인의 가장 큰 힘인 '많은 사람의 관심과 참여'를 바란다면, 먼저 오프라인에서 선한 마음을 담아 좋은 만남을 시작하는 것이 좋다. 한 번도 직접 만나지 않고 온라인에서만 인연을 맺고 이어간다면, 그 관심과 믿음은 상대적으로 떨어질 수밖에 없다.

• 다양한 사회 활동을 통해 만난 인연 •

| 대학교 프레젠테이션 동아리에 초대받아 심사위원으로 참석 | 일을 통해 세상에 선한 영향력을 주고 싶은 청년들의 모임 |

현직 작가 또는 작가가 되고 싶은 사람들
의 모임

꿈을 주제로 한 '멘토링 스쿨' 이후 청년
들과 함께한 여행

마약(약물) 중독에서 회복되기 위해 힘
쓰는 분들을 돕는 행사

위기 상황에 처한 청소년과 청년을 돕는
재단이 주최한 미팅 참석

보육원 출신으로 자립을 준비하는 사람
들을 돕는 행사

기독교 영화를 만드는 감독과 배우들이
모인 자리

외국인들에게 한국어 교육을 하는 기관
이 주최한 업무 협약식

　　지식 비즈니스 기업은 대체로 1인 기업인데, 1인 기업가로 활동하려면 다재다능해야 한다. 하지만 누구도 혼자서는 모든 일을 다 할수도, 모두 잘할 수도 없다. 홍보는 특히 더 그러하다. 여러 사람의 도움을 받아야만 한다. 그러므로 '탁월함과 선함'에 기반해 다른 사람들이 자연스레 호감을 가지고 나의 일을 응원하며 지지해주고 싶은 사람이 된다면 홍보에도 큰 도움을 받을 수 있다.

긍정 후기 모으기

  하루에 한 번 이상 받는 요청이 있다. 제품을 무료로 이용하고 그 대가로 후기 포스팅을 해달라는 것이다.

  "상품을 제공해드릴 테니 블로그에 후기 포스팅을 해주실 수 있을까요?"

  하지만 대부분은 요청을 정중히 거절한다. 이용하고 싶은 제품이 아닌 경우가 많기도 하고, 그 제품을 이용하고 만족하지 못하면 후기를 쓰는 데 불편함이 있기 때문이다. 블로그를 운영하는 사람들은 나와 같은 제안을 꾸준히 받는다. 직접 사용해 본 사람의 '긍정 후기'가 있어야 더 많은 거래가 일어나는 시대에 우리는 살고 있는 것이다.

  지식 비즈니스 기업의 경우도 마찬가지로 긍정 후기가 큰 도움이 된다. 그러나 막상 자발적으로 좋은 후기를 남기는 사람이 많지는 않다. 블로그나 페이스북, 인스타그램을 운영한다 해도 자신의 경험담을 주관적으로 올리기보다는 다른 사람이 올린 것을 보기만 하는 사람이 인터넷 세상에는 훨씬 많다.

  고객으로서는 거래 후기를 남기는 것이 의무가 아니다. 하지만 지식 비즈니스 기업은 긍정 후기를 하나라도 더 받는 것이 유리하다. 이런 상황에서 어떻게 해야 할까?

  내가 사용하는 방법은 '후기 게시물 작성에 명확한 가이드를 하고 소정의 비용을 지불하는 것'이다. 첫 책에 대한 긍정 후기를 모은 구체적인 방법은 다음과 같다.

긍정 후기를 모으는 방법

1. 블로그에 후기를 적을 수 있는 사람이 주위에 있는지 찾는다.

이전부터 블로그를 하지 않았어도, 특히 책의 경우는 '리뷰' 영역에 긍정의 이용 경험이 보이면 홍보에 도움이 된다.

2. 사람들이 후기를 잘 작성할 수 있도록 블로그 제목을 가이드한다.

① **방안** '예상 독자+책의 장점+활용하면 홍보에 도움이 되는 단어'를 조합해 제목을 적게 한다.

② **예시**

예상 독자	책의 장점
직장인	PPT 만드는 법을 쉽게 이해할 수 있는 알려 줌

활용하면 홍보에 도움이 되는 단어 조합
• 사람들이 검색에 자주 사용하는 단어 : PPT 만들기, PPT 강의 • 알리고 싶은 단어 : 온택트 파워포인트 속성과외

③ **작성한 제목 예시** 직장인들이 쉽게 내용을 이해할 수 있는 PPT만드는 법을 알려 줘요! 도서 온택트 파워포인트 속성과외 (PPT만들기, PPT강의)

3. 후기 내용도 다른 독자의 후기를 예시로 제공하여 더 쉽게 작성할 수 있게 한다.

[도서] 깔끔하고 효율적인 PPT의 정석, 〈온택트 파워포인트 속성 과외〉 (PPT디자인, PPT템플릿)

작은공
2021. 12. 27. 19:34   이웃   ⋮

안녕하세요 작은공입니다.
오늘은 대학생이라면, 그리고 직장인이라면 누구나 한 번쯤 고민해본 경험이 있는 ppt에 대한 이야기를 해보고자 합니다.

PPT의 본질 = 전달력
전달력을 위한 기본 = 깔끔함

이 책의 처음부터 끝까지 제 머릿 속에 박히는 확실한 메시지는 바로 "전달력"과 "깔끔함"이었습니다. 피피티의 본질은 결국 효과적인 전달력이고 이를 위해서 기본이 되는 것이 깔끔함이다! 아주 당연한 메시지

❝
잘 만든 PPT가 도대체 뭐야?
무작정 무료템플릿 속에서 헤매는 이들에게...
❞

대학기간동안 피피티가 필요한 순간이 많았습니다. 저는 그때마다 일기용변으로 무료템플릿을 뒤져보곤 했습니다. 하지만 어떤 피피티가 잘 만들어진 피피티인지 기준조차 가능되지 않아 그대로 피피티를 열리하게 됐던 것 같습니다.

책의 강점
= 나도 전문가처럼 생각하고 행동해본다

이 책의 가장 뚜렷한 강점은 바로 마치 저자가 된 듯 생각의 방향과 행동까지 따라갈 수 있다는 점이었습니다.

우선 위와 같이 기본설정과 예제가 제공됩니다. 추가적인 정보들은 저자의 블로그에도 게시되어 있습니다. 때문에 피피티를 만들기 전 저자와 같은 자세를 다

4. 책의 리뷰 영역에서 보여지는 방법을 안내한다(스마트폰 이용 시).

〈순서 1〉

❶ 블로그에 게시물을 작성할 때 그림의 버튼을 터치한다.

❷ '글감'을 터치한다.

❸ '책'을 터치한다.

❹ 부분에 책 제목을 검색한다.

❺의 검색된 책을 터치해 추가한다.

〈순서 2〉 책의 '리뷰' 영역에서 게시물이 노출된 모습

❶번 부분을 터치한다.

- '리뷰' 영역에서 게시물이 보이는지 확인한다

5. 사람들이 검색에 자주 활용하는 단어, 사용하면 홍보에 도움되는 단어들을 안

내해 태그로 넣는다.

① **방안** 작성하는 게시물 가장 하단에 태그로 사용하는 단어를 모

두 적게 한다.

② **예시**

#온택트파워포인트속성과외 #김상종 #황금부엉이 #파워포인트책 #PPT책
#파워포인트교재 #무료PPT템플릿 #무료피피티템플릿 #깔끔한무료PPT템
플릿 #깔끔한PPT템플릿 #깔끔한무료피피티템플릿

6. 소정의 보상을 한다.

① **방안** 후기 게시물 작성한 분들에게 소정의 사례를 한다. 나의 경우는 후기 게시물을 작성하는 분들께 무료로 책을 보내드림은 물론이고 소정의 비용을 함께 드린다. 이때, 다음과 같이 지원을 받아 작성한 게시물임을 함께 알리도록 안내한다.

② **예시** 저자분이 책을 선물로 보내주셔서 감사히 읽었습니다. 읽고 느낀 점을 진심 어린 마음으로 정리해 공유합니다.

긍정 후기를 모으는 2가지를 정리하면 다음과 같다.

방법 1	방법 2
가이드를 통해 쓰게 안내한다.	이용에 만족한 고객이 자발적으로 쓴다.

어떤 경우든 후기가 긍정적이려면 이용한 사람이 만족해야 한다. 그러므로 탁월한 품질이 기본이다. 이용자에게 만족감을 주는 것은 결국 품질이기 때문이다. 또한, 긍정 후기를 빠르게 모으고 싶다면 앞서 설명한 방법을 참고하라. 이러한 요소들이 합쳐지면 긍정 후기를 통한 홍보 효과를 극대화할 수 있을 것이다.

홍보 영상 만들기

"탄탄한 구성과 제작 기술을 더해 사람들의 눈길을 끄는 홍보 영상을 만든다."

영상의 시대다. 글이나 이미지에 비해 영상은 몰입감과 생동감이 훨씬 더 뛰어나다. 그래서 많은 사람들이 영상을 만들어 활용하라고 한다. 하지만 막상 직접 만들려면 어렵고 부담이 된다.

과거에 영상은 주로 방송국에서 PD 와 작가, 카메라 감독 등이 출연자들과 함께 만들었다. 그런데 지금은 1인 미디어라 하여 여러 사람이 나누어서 했던 일을 혼자서 하기도 한다. 그런데 그렇게 1인이 만든 영상 콘텐츠 대부분은 사람들의 눈길과 마음을 끌지 못한다. 이유가 뭘까? 바로 영상을 만들고 활용하는 것을 너무 쉽게 생각하기 때문이다.

자신이 만든 영상을 유튜브에서 많은 사람이 보기를 원한다면, 건강한 개성이 있어야 한다. 그러한 개성이 촬영과 편집의 부족함을 메운다. 만약 그렇지 못한 영상이라면 촬영, 편집 수준이 뛰어나야 다른 사람들이 본다.

홍보 영상 제작 관련해 나는 영상을 잘 만드는 사람에게 맡긴다. 나는 나의 전문성을 활용할 수 있는 다른 여러 가지 일을 해야 하기에 영상까지 높은 완성도로 만들 시간이 없다. 그래서 간단히 컷 편집을 넘어 완성도를 높이는 데 필요한 경우는 잘하는 사람에게 비용을 지불하고 만드는 것이다.

이때 막연히 제작하기보다는 영상을 만들 사람과 충분화 대화를 통해 제작 전에 필요한 만큼 구성 기획을 한다. 다음은 내가 영상 제작을 의뢰하고 그 의뢰에 대해 영상 제작자가 보내준 기획서의 일부이다.

이렇게 제작 전에 충분히 기획서를 주고받아 생각을 맞추는 이유는, 영상이란 한번 만들 때 잘 만들어야 이후의 일이 순조롭기 때문이다. 높은 완성도와 일하는 과정에서의 편안함, 잦은 수정을 하지 않음으로 인한 비용적 이익이 모두 탄탄한 기획을 통해 제작할 때 생긴다.

다음은 이렇게 구성 기획을 통해 만든 영상의 예시이다. 유튜브에 올린 홍보 영상 제목은 "우리는 왜 꽤 괜찮은 템플릿으로도 계속 야

근을 해야 하는 걸까?"이다.

직접 만들 수는 없어도 우리의 눈은 이미 TV와 수많은 영상을 본 경험이 있다. 소기업은 유명한 스타에게 출연료를 지불하고 막대한 제작비를 들여 TV CF 같은 홍보 영상을 만들 수는 없다. 대신 탄탄한 구성 기획으로 사람들이 공감하고 몰입해서 볼 만한 영상은 만들 수 있다. 그러므로 홍보 영상을 만들 것이라면 먼저 충분히 시간을 들여 구성 기획을 해야 한다. 인터넷 홍보로 높은 성과를 내기 위해서는 사람들이 보고 실망할 만한 영상 다섯 개보다 사람들이 보고 좋아할 만한 영상 하나가 필요하다.

참고로, 나는 영상 제작을 디지털미디어학과 학생에게 맡긴다. 태도가 좋고 발전에 대한 열망이 큰 학생과 일하면 프로 제작자에 비해 비용은 상대적으로 저렴하면서도 완성도 높은 영상을 만들 수 있기 때문이다. 홍보 영상 제작을 통해 홍보의 경쟁력을 갖춰 보자.

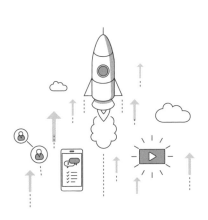

에필로그

26살, 처음으로 취업하여 직장인이 되었을 때, 나의 꿈은 내 일에 있어 전문가가 되는 것이었다. 전문성을 인정받고 임원이 되기를 바라는 마음에 성실하게 일하고 또한 꾸준히 공부했다.

이후 또 하나의 바람이 생겼는데, 바로 '세상에 선한 영향력을 끼치면서 돈을 버는 것'이다.

나는 내가 하는 일 자체가 선하기를, 나아가 이를 통해 함께 행복한 삶을 살게 되기를 바란다. 그러나 내가 오랫동안 몸담은 IT 업계는 사람들이 서비스를 공짜로 이용하거나 최소한의 비용만을 지불하려

위에서부터 맑은 물이 흐르면 그 영향으로 아래쪽의 모든 사람이 행복해진다.

는 특징이 있다. 또한 자잘하게 할 일이 많고, 그로 인해 기획자, 디자이너, 개발자 등 여러 전문가가 필요해 비용이 많이 들다 보니 가격에 대해 고객과 공감대가 쉽게 형성되지 않는다.

이런 상황에서 나의 꿈은 '전문성을 인정받고 회사의 임원이 된다.'에서 'IT 분야에서 세상에 선한 영향력을 주면서 돈을 버는 길을 찾자.'로 바뀌었다. 32살에 건강이 크게 상해 회사를 그만두었고, 어느 정도 건강을 회복한 이듬해에 '라파엘'이라는 사업체를 만들었다. 그리고 지식 비즈니스로 성공할 방법을 찾기 시작했다. 이후의 경험을 통해 나는 다음의 3가지를 갖춤으로써 지식 비즈니스로 살아남을 수 있었다.

제공하는 상품의 탁월한 품질	선한 마음으로 사람을 대하는 태도	사업체 운영에 필요한 일을 두루두루 잘해내는 능력

사업체 운영을 위한 상품 만들기, 상품 홍보, 문의 안내, 계약 체결, 상품 제공, 세금 계산서 발행, 세금 납부 등 다양한 일들을 해 냈고, 익혔다.

지식 비즈니스 기업가로서 나는 새로운 거래가 간절해도 지인들에게 무리한 부탁을 한 적이 없다. 대신 지난 7년여 동안 내가 하는 일을 열심히 인터넷에서 열심히 소개했다. 고객의 대다수는 처음 뵌 분들이고, 한 번 이용하신 이후 만족해 하시도록 최선을 다했다.

이제까지의 과정에서 사람들 눈에 잘 띄는 곳에 내가 하는 일을 알릴 수 있는 매장을 가진 것도 아니었다. 홍보할 매장이 없기에 인터넷을 활용해서 할 수 있는 거의 모든 홍보 방안을 배우고 시도했다. 그런 노력과 열정 속에서 좋은 사람들을 많이 만나 인연을 맺었다. 그리고 그분들 덕에 부족함이 많던 한 청년은 꿈의 불씨를 꺼뜨리지 않고 계속해 이어올 수 있었다.

내가 시도한 인터넷 홍보 중에는 성과로 이어진 것도 있지만 최선을 다하고도 의미 있는 성과를 내지 못한 것도 있다. 이 책에는 내가 직접 시도해 성과를 낸 것 중에서도 지식 비즈니스 기업가에게 최선이라 할 수 있는 것들만을 추렸다. 특히 컴퓨터와 인터넷 활용이 서툰 분들도 쉽게 내용을 이해할 수 있게 쓰는 데 주력했다.

이 책을 쓰는 시점에서 많은 지식 비즈니스 사업가와 소상공인 그리고 청년들이 너무나 넘기 힘든 현실의 벽 앞에서 좌절하고 힘들어하고 있다. 그분들이 내가 제공하는 교육을 통해 배움을 얻고 적용하여 현실의 어려움을 이겨낼 수 있기를 바란다. 그리고 이 책이 그 희망의 씨앗이 되고 싹이 되기를 바란다.

감사의 글

책을 쓰는 데에는 많은 수고가 따릅니다. 책은 저자가 쓰는 것이지만, 그 책에 담긴 내용에는 나에게 교육으로, 일로 많은 도움을 준 분들과의 사연이 있습니다. 그래서 저는 책을 낼 때면 그분들의 얼굴이 먼저 떠오릅니다.

부족함 많은 제가 책을 낼 수 있도록 이끌어주신 박은정 강사님 그리고 1인 기업가에서 법인으로 나아가는 데 있어 시야를 밝혀주시고 많은 도움을 주시는 국민은행 문진기 위원님, 강의안을 구성하는 데 있어 좋은 생각을 공유해주시고 많은 도움을 주신 장혜선님, 모두 진심을 담아 깊이 감사드립니다. 중요한 촬영이 있을 때마다 메이크업

190

을 해주시는 김빌립 선생님, 고맙습니다. 홍보영상 제작에 도움 주시는 김도윤님께도 감사합니다. 더불어 책을 낼 수 있게 기회를 주시고 함께 출간을 위해 힘써 주신 파지트 직원분들께도 감사의 마음을 전합니다.

저와 함께 이웃을 사랑하는 삶을 살기 위해 힘쓰는 분들도 잊을 수 없습니다. 청소년 행복재단 윤용범 사무총장님, 안산 희망홈의 김기헌 선생님, 경기도 다르크의 임상현 목사님, 생명선교회의 박지순 목사님, 한국금융범죄예방연구센터 이기동 선생님, 파이오니아21 김상철 목사님, 나의 작은 아버지이시기도 한 김영창 목사님, 모두 따뜻한 사랑의 마음으로 함께 선한 길을 걸어 주셔서 감사합니다.

다시 태어나더라도 또다시 자녀가 되고 싶은 부모님, 사랑하는 누나와 동생, 동생의 아내 제스, 또한 가족 같은 신재용님, 힘들 때나 기쁠 때나 사랑의 마음으로 함께함에 감사함을 전합니다. 또, 하나님이 만나게 하신 연인 정진아님께도 기도하며 함께함에 고마움을 전합니다.

마지막으로, 책을 쓸 수 있는 용기와 지혜를 주시는 하나님께 감사합니다. 그리고 이 책을 읽어주신 모든 독자분들께도 감사의 말씀을 올립니다.

블로그, 검색어, 광고, 홍보지로 만드는
스퀘어 홍보법

초판 1쇄 인쇄 2022년 5월 24일
초판 1쇄 발행 2022년 5월 31일

지은이 김상종

책임편집 김희정
편집 윤소연

디자인 강수진
마케팅 총괄 임동건
마케팅 지원 나해진, 전화원, 한민지, 이제이, 한솔, 한울
경영지원 임정혁, 이지원

펴낸이 최익성
출판 총괄 송준기
펴낸곳 파지트
출판등록 2021-000049호

제작지원 플랜비디자인

주소 경기도 화성시 동탄원천로 354-28
전화 070-7672-1001 **팩스** 02-2179-8994 **이메일** pazit.book@gmail.com

ISBN 979-11-92381-06-0 04320
      979-11-92381-05-3 (세트)